馬鳴菩薩

高僧傳

弘傳大乘

編撰——徐瑾

【編撰者簡介】

徐瑾

湖北大學哲學學院教授，博士生導師，湖北大學高等人文研究院研究員。主要研究領域為漢傳佛教思想，亦對中西方哲學、宗教學有長期研究。

縱觀世界上各種宗教及民間信仰，經深入比較，發現當今世界，漢傳佛教可說是相當具有人文與理性性格的宗教。其修行的主張（依法不依人，依義不依語，依了義不依不了義，依智不依識），持守的佛教戒律，以及漢傳佛教特有的吃素傳統和叢林特色，還有富有中國特色的大乘佛教宗派體系，崇尚慈悲與智慧，對於世界和諧能夠起到非常重要的作用，可以說，讓更多的人接觸佛法、理解佛法，是我輩學人義不容辭的責任。

【「高僧傳」系列編輯序】

令眾生生歡喜者，則令一切如來歡喜

「為佛教，為眾生」六個字，乃是印順法師於臺北市龍江街慧日講堂（後因大門遷移，地址遷至朱崙街）為證嚴法師授予三皈依、並賜法名時的殷殷叮囑：「既然出家了，你要時時刻刻為佛教、為眾生。」

依證嚴法師解釋：「為佛教」是內修清淨行，「為眾生」則要挑起如來家業，走入人群救度眾生。因此法師稟承師訓，一心一志「為佛教還原教義，為眾生點亮心燈」，而開展慈濟眾生的志業。

歷代高僧之「為佛教、為眾生」

證嚴法師開創「靜思法脈，慈濟宗門」，並將其與「為佛教，為眾生」合釋：「靜思法脈」乃「為佛教」，是智慧；「慈濟宗門」即「為眾生」，是大愛。

進而言之，「靜思法脈，慈濟宗門」即菩薩道所強調的「悲智雙運」：「靜思法脈」是「智」，「慈濟宗門」是「悲」；傳承法脈、弘揚宗門就要「悲智雙運」，積極在人間發揮慈、悲、喜、捨四無量心。此亦即慈濟人開展四大志業、八大法印時的根本心要。

由其強調「悲智雙運」可知，「靜思法脈，慈濟宗門」並非標新立異，而是傳承佛陀教法以及漢傳佛教歷代高僧的教誨——包括身教與言教，並要求身心皆徹底踐履。為了讓世人明瞭慈濟宗門之初心與悲願，也讓這些歷代高僧的事蹟與精神更廣為人知，大愛電視臺秉持證嚴法師的信念，於二〇〇三年起陸續製作《鑑真大和尚》與《印順導師傳》動畫電影，將佛教史上高僧大德的動人故事，經由動畫電影的形式，傳遞到全世界。

因為電影的成功，大愛電視臺進一步籌畫更詳盡的電視版〈高僧傳〉——採取臺灣民眾雅俗共賞的歌仔戲形式。〈高僧傳〉的每一部劇本都是經過數個月的資料研讀與整理，縝密思考後才下筆，句句考證、字字斟酌。製作團隊感受到每一位大師皆以身作則、行菩薩道的特質，希望將每位高僧的大願與大行傳遍世界。

然而，不論是動畫或戲劇，恐難完整呈現《高僧傳》中所載之生命歷程，以及諸位高僧與祖師之思想以及對後世之貢獻。因此，慈濟人文志業中心便就〈高僧傳〉歌仔戲所演繹過的高僧，以《高僧傳》及《續高僧傳》之原著為基礎，含括了日、韓等國之佛教史上的知名高僧，編撰「高僧傳」系列叢書。我們不採取坊間已有之小說體形式，而是嚴謹地參照人物評傳的現代寫法，參酌相關之史著及評論，對其事蹟有所探討與省思，並將其社會背景、思想及影響皆納入，雜揉編撰，內容包括高僧的生平、傳承及主要思想或重要經典簡介。從中，我們不僅可以讀到歷代高僧的智慧與悲心，亦可一覽相關的佛教史地、典籍與思想。

在編輯過程中，我們可以看到歷代高僧之「為佛教，為眾生」：鳩摩羅什飽受戰亂、顛沛流離，仍戮力譯經，得令後人傳誦不絕，乃是為利益眾生；玄奘歷萬里之險取得梵本佛經、致力翻譯，其苦心孤詣，是為利益眾生；鑑真六次渡海欲至東瀛傳戒，眼盲亦不悔，是為利益眾生；六祖惠能隱居十五載以避害身之禍，只為弘揚如來心法，並言「佛法在世間，不離世間覺；離世求菩提，猶如覓兔角」，亦是為利益眾生……

這些高僧祖師大可獨善其身、如法修行以得解脫，為何要為法忘身、受諸逆境而不退？究其根本，他們不只是為了參究佛法，而是深知弘揚大乘佛法的目的乃在於大慈大悲地度化眾生、讓眾生能得安樂；若不能讓眾生同霑法益，求法何用？如《大智度論．卷二七》所云：

一切諸佛法中，慈悲為大；若無大慈大悲，便早入涅槃。

由此可知，就大乘精神而言，「為佛教」即應「為眾生」，實為一體之兩面。

「大悲」為「諸佛之祖母」

除了歷代高僧之示現，「為眾生」之菩薩道的實踐，於經教中更是多不勝數、歷歷可證。例如，《無量義經．德行品第一》便說明了菩薩作為眾生之大導師、大船師、大醫王之無量大悲：

無量大悲救苦眾生，是諸眾生真善知識，是諸眾生大良福田，是諸眾生不請之師，是諸眾生安隱樂處、救處、護處、大依止處。處處為眾作大導師，能為生盲而作眼目，聾劓啞者作耳鼻舌；諸根毀缺能令具足，顛狂荒亂作大正念。船師、大船師運載群生渡生死河，置涅槃岸；醫王、大醫王，分別病相曉了藥性，隨病授藥令眾樂服；調御、大調御，無諸放逸行，猶如象馬師，能調無不調；師子勇猛，威伏眾獸，難可沮壞。

如來於《法華經．觀世音菩薩普門品》中宣說，觀世音菩薩更以三十三種應化身度化眾生：

佛告無盡意菩薩：善男子，若有國土眾生，應以佛身得度者，觀世音菩薩即現佛身而為說法；應以辟支佛身得度者，即現辟支佛身而為說法；應以聲聞身得度者，即現聲聞身而為說法；應以梵王身得度者，即現梵王身而為說法；應以帝釋身得度者，即現帝釋身而為說法……應以天龍、夜叉、乾闥婆、阿修羅、迦樓羅、緊那羅、摩侯羅伽、人非人等身得度者，即皆現之而為說法；應以執金剛神得度者，即現執金剛神而為說法。無盡意，是觀世音菩薩成就如是功德，以種種形遊諸國土，度脫眾生，是故汝等應當一心供養觀世音菩薩。是觀世音菩薩摩訶薩，於怖畏急難之中能施無畏，是故此娑婆世界皆號之為施無畏者。

為何觀世音菩薩要聞聲救苦？因為菩薩總是「人傷我痛、人苦我悲」，恆以「利他」為念。如《大丈夫論》所云：

菩薩見他苦時，即是菩薩極苦；見他樂時，即是菩薩大樂。以是故，菩薩恆為利他。

正是因為這般順隨眾生、「以種種形」而令其無畏的無量悲心，讓觀世音菩薩受到漢傳佛教乃至於華人民間信仰的共同崇敬。慈濟人之所以超越貧富、超越國界、超越宗教地去關懷與膚慰需要幫助的生命，便是效法觀世音菩薩無量悲心、無量應化的精神。

在《法華經．普賢菩薩勸發品》中發願、將於佛滅後守護及教導受持《法華經》之眾生的普賢菩薩，於《華嚴經．普賢行願品》中則教導善財童子如何供養諸佛，亦揭示了如來、菩薩、眾生的關係：

> 於諸病苦，為作良醫；於失道者，示其正路；於闇夜中，為作光明；於貧窮者，令得伏藏。菩薩如是平等饒益一切眾生。何以故？菩薩若能隨順眾生，則為隨順供養諸佛；若於眾生，尊重承事，則為尊重承事如來；若令眾生生歡喜者，則令一切如來歡喜。何以故？諸佛如來，以大悲心而為體故。因於眾生，而起大悲；因於大悲，生菩提心；因菩提心，成等正覺。……若諸菩薩，以大悲水饒益眾生，則能成就阿耨多羅三藐三菩提故。是故菩提，屬於眾生；若無眾生，一切菩薩終不能成無上正覺。善男子，汝於此義，應如是解。以於眾生心平等故，則能成就圓滿大悲；以大悲心隨眾生故，則能成就供養如來。

《大智度論．卷二〇》亦云，佛陀強調，大悲心乃是諸佛菩薩之根本，具大悲心方能得般若智慧，亦方能成佛：

大悲，是一切諸佛、菩薩功德之根本，是般若波羅蜜之母，諸佛之祖母。菩薩以大悲心，故得般若波羅蜜；得般若波羅蜜，故得作佛。

「菩薩若能隨順眾生，則為隨順供養諸佛；若於眾生，尊重承事，則為尊重承事如來；若令眾生生歡喜者，則令一切如來歡喜。」閱及此段，不禁令人深深體會證嚴法師之智慧與悲心：慈濟宗門四大、八印之聞聲救苦、無量應化地「為眾生」，也是同時「為佛教」地供養諸佛、令一切如來歡喜啊！

歷代高僧雖未如慈濟宗門般推動慈善、醫療、乃至於環保、國際賑災等志業，乃因其時空因素，欲度化眾生先以弘揚大乘經教與法義為重；現今經教已備，所須的乃是效法菩薩道之力行實踐！慈濟宗門便是上承歷代高僧與經論之教法，推動四大、八印，行菩薩道饒益眾生，以此供養如來。

換言之，歷代高僧之風範、智慧及悲願，為佛教，也為眾生，此即諸佛菩薩之本懷，亦為慈濟宗門之本懷！這便是《高僧傳》系列叢書所欲彰顯者。

遙企歷代高僧儼然身影，我們可以肯定：為眾生，便是為佛教；為佛教，一定要為眾生！

【推薦序】

「為佛法、為眾生」的馬鳴菩薩

——釋印宗（武昌佛學院尼眾部、蓮溪禪寺方丈）

近來收到湖北大學徐瑾老師發來的《馬鳴菩薩》一書，並邀請我寫推薦序。此時正值著安居迦提月的時候，我認真研讀了這本書的內容，分享了馬鳴菩薩穿越時空的大智慧、大慈悲。

蕅益大師於《大乘起信論裂網疏．跋》上曾說：「馬鳴、龍樹、護法三大菩薩同契佛心，曾無稍異。」

太虛大師在〈再議印度之佛教〉文中亦言：「馬鳴、龍樹、無著菩薩之弘法，乃承一貫大乘，相成而不相破，共為佛法自印度傳入中華之精粹。」

由此可知，印度佛教歷史上馬鳴、龍樹等諸大菩薩示現天竺，賡續佛陀聖教，闡揚大乘法脈，馬鳴菩薩為其嚆矢，早於龍樹菩薩。

《摩訶摩耶經》上說：「六百歲已，九十六種外道等邪見競興、破滅佛法，有一比丘名曰馬鳴，善說法要，降伏一切諸外道輩。」由此經所述，馬鳴菩薩應化世間，是為佛陀正法而生；摧破邪執，匡顯正法，對佛法弘揚影響深遠，使佛陀正法得以延續，造福世間，利濟眾生。馬鳴菩薩是為眾生而行。

其實，青年時代之馬鳴菩薩，起初於中印度深習外道之法而智慧超凡，辯才無礙，知識淵博而堪為其時之「大智者」，也是聲名遠播於五印之外道的「大論師」，還是與天竺諸多沙門外道法義辯論之「常勝將軍」。

然而，就是這一位世智辯聰，善辯論議之大外道、大智者，於脅尊者入三昧時，觀其所應，察其機緣，而認定「應堪任出家為比丘，廣宣道化，開悟眾生」。

隨後，脅尊者以正法成功地攝受度化馬鳴菩薩為座下弟子，並告誡他：「你才智聰明是不錯，但在法上，並無真正真實成就。」勸導馬鳴菩薩「學好佛陀正法五根五力、七覺支、八正道，未來必定辯才深達，普天之下，無人能及。」

由此，脅尊者傳法於馬鳴菩薩，令其「深研教法，弘通大乘」。而馬鳴菩薩不負師心，竭力為法，化度眾生；其才辯蓋世，中天竺摩揭提國朝野上下尊為「國寶」。

馬鳴菩薩承脅尊者咐囑後，益加精進為法勤修，深究法義，而尊為「辯才比丘」，聲名遠揚五印度。

正值馬鳴菩薩潛心於法，精進不懈、用功修學之時，北天竺小月氏國迦膩色迦王起兵攻打馬鳴菩薩居住的中天竺國，將全城團團圍住，揚言得三億金而退兵；但中天竺國傾盡一國財寶，難以湊足三億鉅資。迦膩色迦王告知，中天竺有兩大國寶——佛缽和辯才比丘，可抵二億金。但是，中天竺國王哪裡捨得佛陀留下的佛缽和辯才比丘？迦膩色迦王見索要不與，即時兵臨城下威脅——得不到此二寶，便要攻城。

為解除國家危難，免除生靈塗炭，救國家、人民於水深火熱，馬鳴菩薩挺身而出，主動說服國王，為國、為民捨身出行小月氏國。日後，馬鳴菩薩隨同脅尊者、世友菩薩等五百高僧在迦膩色迦王的鼎力支持下，共同完成了印度佛教歷史上的第四次佛經結集活動，推動了佛教的重興與繁榮。

徐瑾老師編撰的《馬鳴菩薩》一書，分為「示現」和「影響」兩個部分。「示現」中七章內容，章章近乎傳奇，事事超於常情。如「馬鳴」名字之由來，善辯外道之精彩，說法七馬垂淚之所感，降魔度三千眾而出家……更為重要的是，馬鳴菩薩於脅尊者入三昧定中選為傳法者而「被度化出家」，後來參與結集經典，傳佛心印為第十二代祖師……如此種種，可以歸納馬鳴菩薩的傳奇一生，以六個字來說，那就是「為佛法、為眾生」。

其「影響」部分，解說了馬鳴菩薩的兩部敘事詩集《佛所行讚》和《美難陀傳》，還有《大莊嚴論》和《大乘起信論》兩部至為重要的論典。這兩部佛教經典可以說是馬鳴菩薩弘揚大乘佛法之代表作，闡大乘之至理，起眾生之正信，為佛法大藏精髓，人間至寶。正如守培法師所讚歎：「非讀《起信論》，不明大乘真義。」

馬鳴菩薩生於亂世，邪執外道熾盛，佛法衰微，而其出家舉揚正法，重興聖教，一生為佛法，功德無量！

馬鳴菩薩出家後，廣造諸論，弘揚大乘，善論法義，廣度眾生，引人入聖，一生為眾生，無量功德！

縱觀馬鳴菩薩的一生，「為佛法」是大智慧，「為眾生」是大慈悲；此中悲智雙運，正是大乘菩薩道之本懷；是佛陀導師的殷殷囑託，更是慈濟眾生之偉大志業。

感謝徐瑾老師的信任，邀請我為他編撰的新書《馬鳴菩薩》寫推薦序，由此而有機會研讀《馬鳴菩薩》；研讀之後發現《馬鳴菩薩》是一本好書，讀完後法喜充滿。古人說：「獨樂樂不如眾樂樂」；欣喜之餘，將《馬鳴菩薩》推薦給大眾，願有緣人撥冗捧讀，必獲其益。

【編撰者序】

效法馬鳴菩薩之善巧說法

馬鳴菩薩大約生活在西元一至二世紀，對大乘佛法的傳播起到了奠基性作用，後世尊稱他為西天禪宗十二祖。

馬鳴菩薩不僅是一位偉大的佛教祖師，而且善於用各種善巧方便來傳播佛法，尤其是擅長用音樂、詩歌、戲劇等民眾喜聞樂見的方式來弘揚佛法；再加上他擅長辯論，辯才無礙，因此感召了很多人皈依佛門，對於大乘佛法的傳播，影響甚為重要。

以辯論及詩歌宣揚佛法

由於我們距離馬鳴菩薩生活的年代甚為久遠，所以我們對於馬鳴菩薩的生平事蹟瞭解不多；但就目前可見的資料來看，馬鳴菩薩無疑是一位佛教大祖師。馬鳴菩薩出家之前是一位能言善辯、並不信奉佛法的外道；後來，在一次公開辯論中敗給了佛教高僧脅尊者，於是皈依佛門，之後成為聞名遐邇的「辯才比丘」。馬鳴菩薩登臺講經時，連那些餓了幾天的馬兒都不吃草料，感動地流淚悲鳴，由此便有了「馬鳴」之名。

馬鳴菩薩還創作了很多歌劇、詩歌、音樂，使得深奧的佛法通過這些常見的文娛方式被人們所接受；馬鳴菩薩也因此聲名大振，甚至古天竺全境以及南海諸多國家的王公貴族和普通大眾都非常仰慕馬鳴菩薩。

透過辯論以及詩詞歌賦等形式，馬鳴菩薩極大地擴大了佛教的社會影響，尤其對大乘佛法的傳播作出了巨大貢獻。

馬鳴菩薩跟隨脅尊者一起參加了第四次佛典的結集，即對釋迦牟尼佛所傳經典的第四次整理，馬鳴菩薩主要負責經典文句的推敲和錄入書寫。在這次長達數年的結集過程中，馬鳴菩薩對於佛教經典的掌握達到了一定高度，也使得其佛教思想更為深刻成熟，為其日後的著述奠定了基礎。結集完成之後，馬鳴菩薩先後寫出了《大莊嚴論》、《尼乾子問無我義經》、《六趣輪迴經》、《十不善業道經》、《大宗地玄文本論》、《甘蔗論》、《大乘起信論》等論著；其中，《大乘起信論》和《大宗地玄文本論》是公認的大乘經典。

就流傳後世的經典論著而言，馬鳴菩薩的著述主要分為兩大類：一類是梵文詩歌等文學作品，一類是佛教經論。前者以《佛所行讚》和《美難陀傳》最為知名，後者以《大乘起信論》、《大宗地玄文本論》、《大莊嚴論》最為知名。馬鳴菩薩是古典時期梵語文學的先驅，開創了優美文學的先河，在梵語文學史上留下不朽盛名。《大乘起信論》、《大宗地玄文本論》、《大莊嚴論》則對於古天竺大乘佛教思想作了極為細緻的梳理，彰顯了大乘佛教的特色，對後世的影響極為深遠。

末法時期，效法馬鳴菩薩之善巧說法

學習馬鳴菩薩的生平著述，時至如今仍舊具有重要的現實意義。

據說，釋迦牟尼本師弘揚佛法之時為正法時期，其後一千年是像法時期，再之後一萬年是末法時期，當今正是末法時期。末法時期由於人根陋劣，使得信仰佛教的人日趨稀少，擁有堅定信仰的人更是日益減少。

之所以發生這種現象的根本原因，在於隨著市場經濟的發展以及科學技術的進步，人們對宇宙自然失去了敬畏之心，傳統文化及其宗教信仰日趨式微。

以前的佛教徒往往非常虔誠，一心追尋佛法的真諦；而現在的佛教信仰者，卻往往帶有明顯的功利性質，更多追逐的是世俗富貴的滿足，而不是佛法真理本身。這的確是弘揚佛法遇到的大問題。

當今世界，人們越來越關注的是欲望的滿足，甚至為了滿足自身欲望而損人利己，對於精神信仰、倫理道德的關注越來越少，信仰和道德甚至走向崩潰的邊緣。因此，在當今社會中，如何讓佛教教理更加容易地被人們所接受，進而讓更多人理解或信仰佛教，這是佛教應對世俗化發展的必經之途。

要而言之，當前佛法傳播遇到的最大問題是人們不再關注精神信仰的層面，而只是關注物質利益的獲得以及欲望的滿足；這不僅是佛教面臨的問題，也是世界上所有宗教信仰面臨的共同問題。宗教信仰的最大作用在於引導人們樹立超越塵世的來世信仰，從而激勵人們踐行道德戒律，成為一個具備美好品德的人。要想具備美好品德，就必然要超越物質利益的束縛，必然要超越欲望滿足的驅動，必然要擯棄極端利己主義的桎梏；但是，趨利避害、趨樂避苦卻是人之常情。所以，要想實現這種超越，就必然需要某種超越塵世的信仰。物質利益、欲望滿足只是塵世的追逐，而永恆的至福只在來世（淨土、天堂等）；或者說，物質利益、欲望滿足只是表象世界，明心見性後才能見到本體世界（這是佛教的典型觀點）。

但是，在當今市場經濟社會中，人們根本不相信有來世的淨土或天堂或地獄，也不相信有一個真實的本體世界，很多人也不相信有佛菩薩或神仙的存在；所以，包括佛教在內的一切宗教信仰在當今世界遇到了極大挑戰。這也是釋迦文佛所說「末法時代」的重要原因。

在當今世界傳播佛法頗為困難，即便漢傳佛教是極為罕見的理性信仰也是如此。所以，正如馬鳴菩薩在古天竺採用各種善巧方便，如辯論、詩詞歌劇等方式來傳播佛法，這種藉由民眾喜聞樂見之形式的靈活宣傳手法，時至今日仍舊值得我們學習借鑑。不管是透過辯論的方式，還是藉由詩詞歌賦的方式，馬鳴菩薩都能夠讓佛教教理為人們所接受，甚至讓所見聞者無不開悟。在一千多年前的時候，馬鳴菩薩就知道用各種人們喜歡的通俗方式來宣傳佛法，並取得非常好的效果。當前，我們也需要採取適合於時代特點、地區特點、人群特點的各種方式來傳播佛法。

在當前的末法時代，我們應當向馬鳴菩薩學習，通過一些符合當今時代的善巧方便形式來宣傳佛教，讓佛教在二十一世紀煥發新的光彩。就辯論這一方式而言，當下佛教所面臨的不僅是與其他宗教教義的分歧；更為嚴重的是，人們從世俗角度對佛教教義本身的質疑或否定。當今世界，公民有信仰宗教的自由，而且不同宗教之間往往強調的是求同存異，而不是公開辯論，所以宗教之間的衝突並不明顯；但是，人們從世俗角度對佛教教理的質疑或否定是非常普遍的，斷滅見在當今世界非常流行，對佛教的質疑和否定也最為激烈。甚至，教內有一些否定佛教經典的現象；例如，馬鳴菩薩的巨著《大乘起信論》就曾經被少數人質疑和否定。因此，我們仍舊需要通過在網路線上、線下及各種媒介的辯論方式，將正確的佛教教理彰顯出來，正本清源，澄清疑義。

同時，在多媒體的網路時代，我們要學習馬鳴菩薩傳播佛法所採用的多樣方式，跟隨時代的發展變化採取不同的媒介或方式來傳播佛法，由此使得佛教傳播方式與時俱進和創新發展，也使得佛法能夠在物欲橫流的多媒體時代得以擴大影響。在這方面，證嚴法師創立的慈濟傳播人文志業基金會就做得很好，值得各界佛教媒介學習。雖然，在末法時代弘揚佛法會遇到很多困難，卻是一件有著重大意義的事情。所以，無論遇到多大的困難，我們都應該為之貢獻力量。

本書對馬鳴菩薩的生平及思想作了資料梳理和研究，願在此拋磚引玉。祈願見聞者，悉發菩提心，盡此一報身，皆共成佛道。
願正法久住，世界和平，風調雨順，國泰民安！

目錄

示現

影響

貳・《大莊嚴論》賞析

參・《佛所行讚》敘事詩賞析

肆・《美難陀傳》敘事詩賞析

附錄

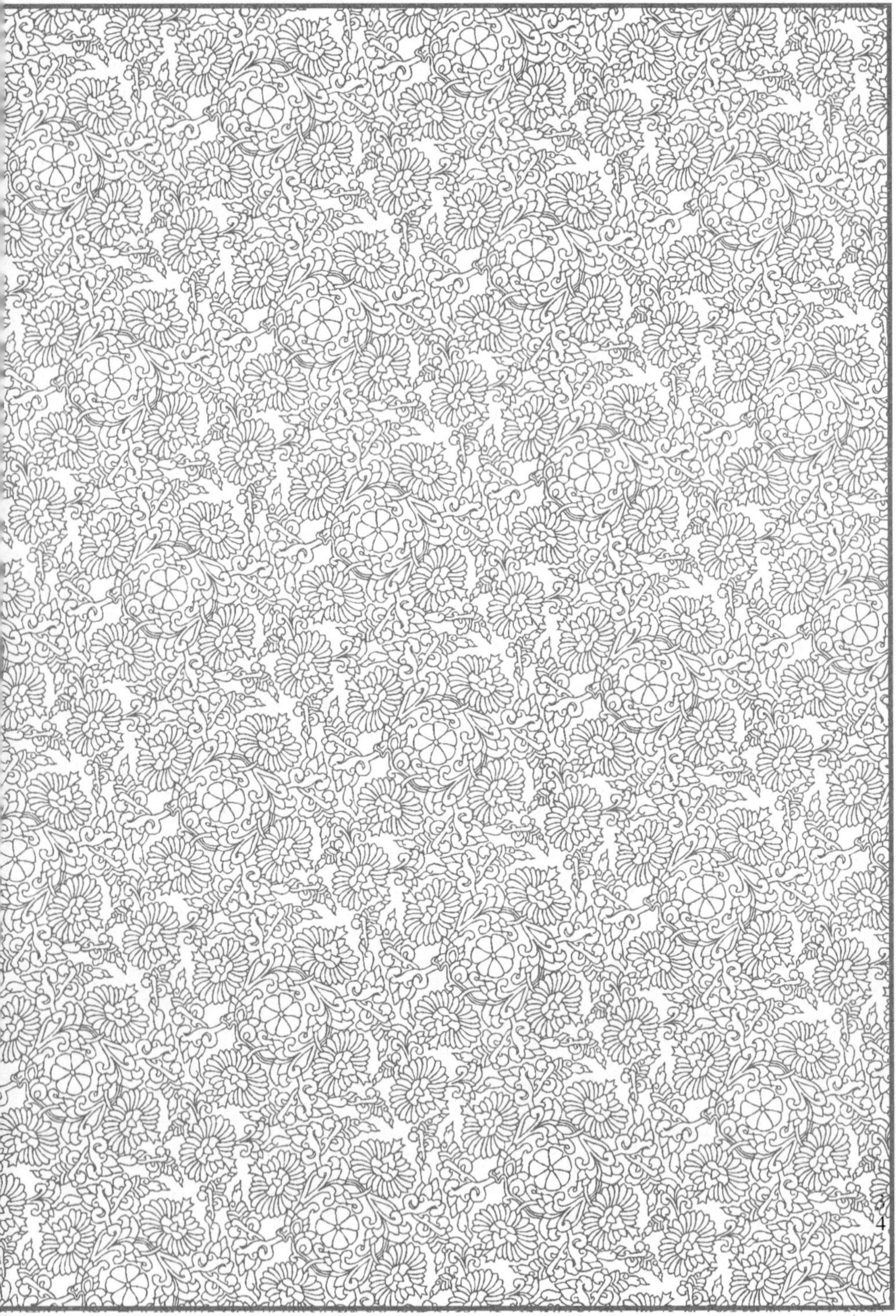

示現

第一章　隨機應化號馬鳴

我昔生梵天，為有小愛故，而墮毘離國，與汝同憂苦。
我見汝無衣，心生保善護，示化於窠圍，當得諸濟度。

馬鳴菩薩（Aśvaghoṣa，音譯為「阿濕縛窶沙」）是大約生活在西元一至二世紀的古印度佛教大師，而且也是一位非常出名的詩人和劇作家；他以詩歌梵唄以及戲劇的形式宣傳佛教故事，闡發佛教義理，對佛教的傳播產生非常重要的作用。

出身印度婆羅門

就馬鳴菩薩生活的古印度社會背景來說，古印度或古天竺是當今印度和其他印度次大陸國家的統稱。在中國歷史上，對天竺的最早記載在《史記．大宛傳》，當時稱其為「身毒國」，唐初統稱為天竺。後來，唐代玄奘法師往西域取經，根據梵文讀音將「天竺」正名為「印度」；玄奘說：「夫天竺之稱，異議糾紛，舊稱身篤、身毒、賢豆、天竺等。今從正音，宜云印度。」

古印度是奴隸制社會，等級森嚴，社會上共分為四個等級。地位最高的是婆羅門（brāhmaṇa），主要掌管宗教祭祀，擔任不同層級的祭司，其中一些人享有很大政治權力。其次是剎帝利（kṣatriya），主要負責軍事和政治事務。再次是吠舍（Vaiśya），即平民，主要從事農業、牧業和商業。地位最低的是首陀羅（Śūdra），從事農、牧、漁、獵以及當時被認為低賤的職業，其中很多人成為雇工或奴隸。

等級制度的形成在於婆羅門教的宣傳：創世神梵天（Brahmā）用口造婆羅門、用手造剎帝利、用雙腿造吠舍，用雙腳造首陀羅，所以四大等級不可更改。

四大等級的人們只能從事各自規定的社會職業，永世不可改變；而且，各等級之間不能通婚，下一等級的人不允許從事上一等級從事的職業。

婆羅門教是印度的主要宗教，起源至少可以追溯到西元前三千年至前一千五百年的印度河流域文明。同許多後來的世界性宗教不同，它沒有明確的具體創教人，是不同的宗教信仰和哲學派別匯合而形成的宗教思想體系，其正式形成大約在西元前八世紀至西元前七世紀。婆羅門教崇拜多神，信奉輪迴轉世、因果業報之說，以梵天、毗濕奴（Vishnu，守護之神）和濕婆（Shiva，毀滅之神）為最高主神。

馬鳴菩薩生於古印度的婆羅門家庭，起初信奉婆羅門教，後來皈依佛教。現存的主要文學作品是敘事詩《佛所行讚》（即《佛本行詩》）、《孫陀羅難陀詩》（即《美難陀傳》或《莊嚴難陀》）以及一些梵語戲劇的殘本。馬鳴菩薩的佛教論著則據說包括《大莊嚴論》、《尼乾子問無我義經》、《六趣輪迴經》、《十不善業道經》、《大宗地玄文本論》、《甘蔗論》、《大乘起信論》等；其中，《大乘起信論》和《大宗地玄文本論》是著名的大乘佛教經典。

「四日照世」

馬鳴菩薩廣宣大乘佛法，備受時人推崇，被人們尊稱為「功德日」；後人又將馬鳴與龍樹、提婆、童受等四位高僧並稱為「四日照世」。

什麼叫「四日照世」呢？以下簡單地介紹這四位高僧大德。

龍樹：梵語為 **Nāgārjuna**，也稱龍猛菩薩。禪宗西天第十四代祖師。生於約西元一四四年，主要事蹟均發生於西元一五〇年至二五〇年之間。他是著名的大乘佛教論師，在印度佛教史上被譽為「第二釋迦」。龍樹是南天竺人，出身於婆羅門種姓家庭。年輕時就廣聞博智，天文地理、圖緯祕笈及諸道術等無不精通，皈依佛門後勇猛精進，開創了大乘佛教中觀學說。龍樹的佛教思想廣泛影響了大乘佛教各宗派，中觀派更是以他為創始者，瑜伽行唯識學派與如來藏學派也多以他的著作來證明本身宗義的正確，漢傳佛教也將其尊為「八宗共祖」。龍樹的著作以《中論》、《十二門論》、《大智度論》最為知名。

提婆：即迦那提婆（Kāna-deva，意為「聖天」），禪宗西天第十五代祖師。生平事蹟均發生於西元三世紀。提婆是大乘佛教中觀派創始人龍樹的弟子，出家後遍學三藏，後遊學古天竺並投入龍樹門下。學成後遊歷各地宣揚中觀派思想，對中觀派發展起了極大作用。其主要著作有《四百論》、《百論》、《百字論》等。

童受：即鳩摩羅多（Kumāralabdha）論師。他是名聞印度的著名論師，在當時與馬鳴、提婆、龍樹齊名。禪宗尊其為西天第十九祖，天台宗尊其為十八祖。其主要著作有《日出論》、《結髮論》、《喻鬘論》等。

馬鳴：禪宗西天第十二代祖師。馬鳴菩薩的佛教理論闡述了苦、空、無常、無我等小乘佛教基本教義，卻也提倡大乘緣起性空的思想，反映了小乘向大乘過渡的特點，因此被後人廣泛視為大乘佛教的重要傳播者。

關於佛教「大乘、小乘」的區別，從佛教的歷史發展來看，釋迦牟尼佛在世以及入滅之後的一段時間，被稱為「原始佛教」時期。之後三、四百年時間，佛教在古天竺各地流傳的過程中逐漸產生了一些變化，不同的法師在弘揚佛法時往往結合當地的社會和文化背景進行宣傳，於是就產生了「部派佛教」。部派佛教分為兩大部分，比較保守的稱「上座部」，比較開放的為「大眾部」。部派佛教有廣度眾生的內容，並非僅關注個人解脫，但總體上來說非常重視個人解脫；因此，部派佛教便被後來的大乘佛教評為「小乘佛教」。

大乘佛教的思想大約在釋迦牟尼佛入滅後五百年開始流傳，與小乘的重要區別是強調「發菩提心」，廣度眾生而不只是為個人解脫，強調「但願眾生得離苦，不為自己求安樂」。如聖嚴法師所說，大乘佛教分為三大派系：根據般若的思想，產生了中觀派；根據唯識的思想，產生了瑜伽派；根據唯心的思想，產生了如來藏派。究其本源，大乘、小乘都是釋迦牟尼佛傳下來的佛法，只是根據眾生機緣不同而隨機說法，其宗旨都是教導人們通過佛法修行、進而明白宇宙人生的真相，通過般若智慧獲得解脫。

「馬鳴」之名的由來

至於「馬鳴菩薩」這個名稱是怎麼來的呢？

有一種說法是：馬鳴菩薩誕生之時，有很多馬發出悲鳴之聲，所以得名「馬鳴菩薩」。

還有一種說法是：馬鳴菩薩善於用音聲弘揚佛法；當他撫琴以宣法音時，群馬聽後都發出悲鳴之聲，所以得名。「群馬悲鳴」並不是說馬兒很悲傷、很痛苦，而是說馬兒被馬鳴菩薩的法音所感染，不由得流淚悲鳴。

還有一種說法是：馬鳴菩薩善於說法，只要聽到馬鳴菩薩說法的人沒有不開悟的，甚至連馬兒也流淚悲鳴，忘記了吃草，所以得名。

在馬鳴菩薩前世的修行發願中，也有「馬鳴」這一說法的由來。在據傳為龍樹菩薩所著的《釋摩訶衍論．卷一》記載，馬鳴菩薩的過去世中，有一位輪陀大王，其功德的增加取決於千隻白鳥發聲，這千隻白鳥如果啼叫，輪陀大王的功德就能增加；但是，千隻白鳥平常是不叫的，只有見到白馬才啼叫。然而，純白的馬兒非常罕見，輪陀大王就發誓說：「如果有不信奉佛法的外道人士，能夠讓白鳥啼叫，我就破除佛教信仰，獨尊外道；如果有佛弟子能夠讓白鳥啼叫，我就破除一切外道，獨尊佛法。」

馬鳴菩薩聽說了他的誓願，就用大神通的力量變現出白馬；於是，千隻白鳥同時啼叫，輪陀大王也遵守了自己的誓言。於是，佛法大盛，菩薩因而也被尊為「馬鳴」。

禪宗史籍《傳法正宗記》也記載了馬鳴菩薩的宿世因緣。某世的馬鳴菩薩有一次從梵天下降到毘離國，看到國土之中有上、中、下三類人。上類人的身上有光明發出，衣服、食物只要一轉念就能得到；中類人的身上沒有光明，衣服、食物需要乞求才能得到；下類人的身上什麼衣服都沒有，像馬那樣裸身行走。馬鳴菩薩憐憫下類人，就運用自己的大神通力，化出無數分身，變成很多很多蠶，吐絲結繭，下類人就能夠用這些蠶絲做成衣服穿了。下類人感念菩薩的恩德，像馬兒那樣發出悲鳴之聲。馬鳴菩薩則說了一首偈子表明自己的心跡：

我昔生梵天，為有小愛故，而墮毘離國，與汝同憂苦。

我見汝無衣，心生保善護，示化於窠闈，當得諸濟度。

這首偈子的意思是說：馬鳴菩薩本來住在天上，由於一點點貪愛的羈絆，使得清淨光明的心境有了瑕疵，於是下降到了毘離國。見到了下類人，心生憐憫，所以隨機顯化，希望眾生都能得到救度。由於下類像馬一樣的眾生感激菩薩而發出悲鳴之聲，所以人們稱呼菩薩為「馬鳴」。

雖然有很多種說法，但都說明馬鳴菩薩的佛法修為很高，甚至只要聽他說法的人都能開悟，馬兒聽了也流淚。這大概就是《釋摩訶衍論》中所說的「然隨機應故，無有相違失」，意即馬鳴菩薩能夠根據眾生不同的根器進行佛法宣傳，能夠讓所有聽經說法的人都有所成就。

《釋摩訶衍論》也說明了馬鳴菩薩的過去因緣：「本大光明佛，因不動位中，西天竺出現，從過去立名。」這就是說，馬鳴菩薩很久以前就已經成佛，佛名大光明。為了度化眾生，所以才於第八不動位（地）菩薩時，隨機應化到西天竺國，弘揚佛法，普度眾生。

出生的年代、地點

馬鳴菩薩生活的年代久遠，難以考證。從目前可見的佛教典籍來看，對其生平有這樣一些說法——

北周．慧影所撰的《大智度論疏》中，說馬鳴是釋迦牟尼佛滅度後三百七十年時的人。

東晉．僧叡在所作的〈大智度論序〉中，說馬鳴是「正法之餘」的人。佛滅度後佛法日益衰微，分為「正法、像法、末法」三個時期。據〈南嶽思大禪師立誓願文〉和《安樂集》等所載，正法為五百年，像法為一千年，末法為一萬年。依照這一說法推算，馬鳴應該是佛滅度後五百餘年時的人。

南朝齊．曇景所譯的《摩訶摩耶經》，其中提到有關馬鳴的懸記，預言馬鳴應該會在佛滅度後六百年出世。

南朝陳．真諦所譯的《婆藪槃豆傳》中，說馬鳴是佛滅度後五百年時的人。

隋．費長房所撰的《歷代三寶記》中，說馬鳴是佛滅度後三百年時的人。

南朝梁．智愷所作的梁譯〈大乘起信論序〉中，說馬鳴是佛滅度後六百餘年的人。

唐．實叉難陀所譯的《大乘起信論》，說佛滅度後五百餘年，有馬鳴菩薩出現於世間。

後秦．筏提摩多所譯的《釋摩訶衍論》中，說從佛出世到佛滅度以後的八百年中，先後曾有過六位馬鳴；至於撰寫《大乘起信論》的究竟是哪一位馬鳴，現在已經很難弄清楚了。

北魏．吉迦夜與曇曜共譯的《傳法藏因緣傳》和後秦．鳩摩羅什譯的《馬鳴菩薩傳》，都把馬鳴說成是和迦膩色迦王（Kaniṣka）的同時代人。關於迦膩色迦王的年代，佛教文獻中的說法也不一致，有的說是西元十年至四十年間，或說約西元七十八年至一百二十年間，還有的說是西元一百四十四年至一百七十年間，以及西元一二七至一五一年等說法。

綜合這些資料來分析，馬鳴菩薩應該是與迦膩色迦王同時代人。迦膩色迦王是貴霜帝國（Kushan Empire）的著名君主，喜好佛法，其統治時期大約在西元一到二世紀。因此，後世學者一般都認為馬鳴菩薩就是西元一到二世紀的人，這一說法也得到了廣泛認同。（註一）

由於連馬鳴菩薩所身處的年代都眾說紛紜，其生平更無具體記載；因此，本書只能省略「年譜」的整理。

馬鳴菩薩的出生地也很難考證，目前有這樣一些說法——元．念常撰的《佛祖歷代通載．卷五》和北宋契嵩著的《傳法正宗記．卷三》，都說馬鳴是中印度波羅奈斯人。

隋．費長房的《歷代三寶記》說馬鳴生於東天竺，屬婆羅門種姓。

南宋．志磐所著的《佛祖統紀．卷五》，說馬鳴生於東天竺桑岐多國，曾於華氏城遊歷。

南朝陳．真諦所譯的《婆藪槃豆傳》，說馬鳴是舍衛國人。

後秦．鳩摩羅什譯的《馬鳴菩薩傳》，說馬鳴是中天竺人，後到北天竺小月氏國弘揚佛法。

綜合這些資料來分析，馬鳴菩薩應該是中天竺或東天竺人，後來至北天竺以及天竺全境傳法。因為馬鳴菩薩從小就接受了各種教育，這不是一般家庭所能做到的；而且，馬鳴菩薩在皈依佛門之前是著名外道，信奉的是婆羅門教。

所以，馬鳴菩薩出身於當時地位最高的婆羅門種姓是可信的。

馬鳴菩薩的生活年代以及出生地存在諸多疑義是正常的，畢竟馬鳴菩薩生活的年代久遠，當時的記載不全且很難保存至今。但是，馬鳴菩薩留給我們的經典是值得珍藏的瑰寶；無論是《佛所行讚》、《美難陀傳》這種長篇敘事詩，還是《大乘起信論》、《大莊嚴論》、《大宗地玄文本論》這種佛典論著，都具有極高的藝術價值和宗教價值，不僅能夠讓人們生起對佛教的信心，而且對於大乘佛教的傳播起到了極為重要的影響。時至如今，馬鳴菩薩的論著仍舊能夠帶給我們以巨大啟迪，值得我們學習借鑑。

【註釋】

註一：貴霜帝國是曾經存在於中亞和南亞的古代王朝（約西元一世紀至三世紀），在其鼎盛時期（約西元一〇五至二五〇年），疆域從今日的塔吉克斯坦綿延至裏海、阿富汗及恆河流域，恆河流域就是古天竺地域。貴霜帝國被認為是當時歐亞四大強國之一，與漢朝、羅馬、安息並列。貴霜帝國地處中亞絲綢之路的交通要道，是中國絲綢和漆器、東南亞香料、羅馬玻璃製品和痲織品等貿易交往的中轉站。貴霜帝國時期也是佛教開始發生重大變化的時間，為大乘佛教的傳播打下了重要基礎。

迦膩色迦王是貴霜帝國的第三世王，最開始他並不相信佛法，只相信外道；後來才受到佛法感動，尤其是受到馬鳴菩薩的感化，最終皈依佛教，從而成為貴霜王朝歷史上最熱衷於弘揚佛教的國王。

迦膩色迦王驍勇善戰，繼位之後率軍打敗了西邊正在衰落的安息王國，又向南方的天竺征戰，國勢達到極盛。他不僅把印度西北部劃歸到疆域版圖之內，還將都城遷至犍陀羅（Gandhāra）地區的富樓沙（Puruṣapura，即今巴基斯坦之白夏瓦），使其成為東西文化交流的樞紐城市，也逐漸成為佛教文化的中心。從藝術發展史來看，迦膩色迦王致力於弘護佛教，因而也極大地促進了犍陀羅佛教藝術的產生、發展和成熟，並對後世佛教藝術的發展產生了重大影響。

作為虔誠的佛教徒，迦膩色迦王在遷都至犍陀羅地區的富樓沙後，下令在都城修建講經堂、興建佛塔、雕刻佛像。他自己不僅皈依了佛教，還把一批優秀的佛教高僧聚集在身邊，其中包括脅尊者、馬鳴、世友、眾護等當時傑出的論師；這些高僧在迦膩色迦王的支持下，創作了很多廣為流傳的佛教經典著述。

迦膩色迦王在宗教政策上十分開明，他在位時期，佛教大小乘並存。大乘佛教雖然處於萌芽階段，但在輕鬆開放的宗教環境下呈現出積極的發展趨勢，其影響力在貴霜帝國後期逐漸超越了小乘。迦膩色迦王對佛教以外其他宗教也採取相容並蓄的態度；在他統治時期鑄造的錢幣上，甚至還可看到希臘、蘇美爾、埃及、波斯和印度的神像。

迦膩色迦王對佛教發展的推動，還與佛教經典的「第四次結集」相關；此次結集規模宏大，把佛教經、律、論的各種異說重新統一起來，耗時數年之久。這次結集，使得佛教的影響繼阿育王之後再一次擴大化，使貴霜帝國一時成為佛教中心。

由於貴霜帝國處於古代絲綢之路的重要地帶，與中國漢朝有經濟、文化上的密切往來，所以佛教經典也由此更多地傳入中國，再由中國傳到日本和朝鮮等地。

由於迦膩色迦王對佛教傳播的貢獻，後世將他和主持佛教「第三次結集」的阿育王一起，並稱佛教的兩大護法王。

第二章　善辯外道皈佛門

師（脅長者）語言：汝才明不易，真未成耳。設學吾所得法，根、力、覺、道，辯才深達，明審義趣者，將天下無對也。

馬鳴菩薩在皈依佛門之前，是一位非常能言善辯的外道。他出身書香門第，自幼天資聰明，熟讀婆羅門教的吠陀經典。長大之後開始參加各種辯論；由於他學問很高，又擅長辯論，所以屢屢獲勝，也因此養成了高傲的性子。

辯倒佛教徒

古印度本身有宗教辯論的悠久傳統；馬鳴外道熟讀婆羅門教教義之後，常到附近的寺廟，要求和佛教徒辯論。由於他能言善辯，多次在辯論中折服佛教寺院的僧人；所以，他要求辯論失敗的佛教寺院每天不能敲響犍椎；如果寺院敲響了犍椎，就表示有人要和馬鳴外道辯論。

「犍椎」是梵語 Ghaṇṭā 的音譯，亦稱犍槌，意為「聲鳴」，指寺院中的木魚、鐘、磬之類。由於附近寺廟裡無人能夠辯倒馬鳴外道，所以只能被迫停止每天敲犍椎的慣例。

古印度一直有宗教辯論的傳統；這種宗教辯論不是一般意義上的學術爭論，而是對於各自秉承的宗教教義的堅持；而且，宗教辯論這一傳統也得到了王公大臣的支援，因此一直長盛不衰。辯論非常嚴肅，辯論失敗的一方不是放棄自身的信仰轉投他教，就是成為勝方的僕人甚至選擇自殺。

據玄奘《大唐西域記》記載，玄奘在那爛陀佛學院學習的時候，有個順世論的外道來挑戰。這個外道人士將自己的理論貼在寺廟的大門口，並說：「若能破我一條，甘願斬首相謝！」外道自負地表示，如果有人在任何一條理論上能辯倒他，他甘願自殺謝罪。玄奘法師聽說之後，就出來和這個外道進行辯論。由於玄奘法師對佛理及其他義理皆有精深鑽研，最後將這個外道說得啞口無言。於是外道認輸，甘願自殺受罰，但是玄奘沒有傷害他的性命；外道非常感動，自願成為玄奘侍從，玄奘則仍還其自由之身。

玄奘在古印度求法期間的一件盛事就是主持無遮大會。當時，大小乘佛教之間的派系之爭愈演愈烈，辯論之風盛行；於是，戒日王組織了這次大會讓各派登臺辯論。玄奘大師代表那爛陀佛學院參加辯論，並被戒日王決定為論主。其時參加大會的有五印十八個國王、三千個大小乘佛教學者和外道兩千人，玄奘登臺講經，任何人都可以向他提出挑戰。在整個大會期間，沒有任何一個人在和玄奘的辯論中勝出，登臺辯論者都被玄奘所折服。玄奘一時名震五印，被大乘宗派尊為「大乘天」，被小乘宗派尊為「解脫天」。

與馬鳴菩薩同時期的提婆，在弘揚大乘中觀思想時也常採用辯論的方式。據《提婆菩薩傳》記載，提婆曾在王都立下三論，即「一切諸聖中，佛聖最第一；一切諸法中，佛法正第一；一切救世中，佛僧為第一」，也就是說佛、法、僧是至高無上的；然後宣稱：「八方諸論士有能壞此語者，我當斬首以謝其屈。」亦即提婆菩薩也宣稱，如果有來自四面八方參加辯論的人能夠推翻自己（提婆）的觀點，（提婆）就砍下自己的頭來表示服輸；如果對方辯論失敗，則當「剃汝鬚髮，以為弟子」就可以。

結果，「智淺情短者，一言便屈；智深情長者，遠至二日，則辭理俱匱，即皆下發。……三月度百萬餘眾。」最後，參加辯論的人裡面，智慧不夠的人，提婆一句話就讓對方服輸了；有相當程度智慧的，最多兩天也被提婆辯倒了。於是，輸給提婆的人都剃髮成為佛門弟子，三個月便度化了一百多萬人皈依佛門。

佛教在創立之初就不害怕與其他宗教公開辯論，這體現了佛教的理性精神，亦即佛教是建立在理性和智慧的基礎上，而不是建立在拒絕理性思維的迷信上。很多宗教在這一點上與佛教不同，其維持宗教信仰的方式是貶抑乃至拒絕理性思考，尤其是拒絕針對宗教教義的質疑或辯論。佛教的解脫方式是智慧，這是佛教的獨有特質。釋迦牟尼佛當年悟道之後獲得的無上正等正覺就是至高無上的智慧，所以佛陀四處傳道的目的也是讓人們擁有智慧，進而藉由智慧獲得自身的解脫。也正是如此，佛教才從來不拒絕外道的挑戰和辯論，因為真理越辯越明。從這個角度來說，釋迦牟尼佛創立的佛教是一種理性宗教。

當時，與馬鳴菩薩同時代的有一位高僧，名叫脅尊者（梵語 Pārśva，音譯波栗濕縛）；他聽說了馬鳴菩薩以外道的身分折服佛弟子的事情，於是前來度化他。

脅尊者是一位修為高深的佛教大德，中天竺人，出生的時間大約在佛陀滅度後四百年。據說，他母親懷孕六十年才生下了他，所以他又叫「難生」。尊者誕生前，他的父親夢到一頭白象，象背上有一個寶座，寶座上有一顆明珠，明珠發出明亮的光芒，隨後尊者就出生了。尊者出生時頭髮都是雪白的，顯得很老成。

脅尊者從小就不喜歡世俗玩樂，直至八十歲後才出家修行。由於他年紀大，所以那些無聊的少年就嘲笑他：「出家人要坐禪誦經，花老大的功夫才能成就；你都這麼老了還出什麼家、修什麼道，怕是心有餘而力不足了。」

脅尊者聽了，非常擔心自己被人一言中的，成了笑話，於是下苦功拚命修行。為了早日成就，他立下誓言：「若不通三藏理，不斷三界欲，得六神通，具八解脫，終不以脅至於席。」這就是說：如果不通達「經、律、論」佛教三藏的真理，不斷除「欲界、色界、無色界」這三界的所有欲望，不得到「神足通、天眼通、天耳通、他心通、宿命通、漏盡通」這六種神通，不得到八種禪修解脫的方法，就永遠不躺下來睡覺。

脅尊者珍惜時間參禪誦經，每天都跟隨在師父身邊，每夜都不臥倒睡覺，只是靜坐修行。這般勇猛精進地修道，只用了三年就學通三藏、斷三界欲，有了大成就。

隨後，脅尊者在北天竺各地傳法，聲名大振，後來還主持了有關佛教經典的第四次結集。在西天禪宗的傳承中，脅尊者被尊為西天禪宗第十祖。

脅尊者是北天竺高僧，他見到弘揚佛法的人才越來越少，非常擔憂，就四處尋找能夠擔負起弘揚佛法重任的人才。他聽說了馬鳴外道的事情，就在入三昧禪定時觀察馬鳴外道的過去現在未來因緣，認為馬鳴外道「應堪任出家為比丘，廣宣道化，開悟眾生」；也就是說，脅尊者認為年輕的馬鳴外道才識過人、能言善辯，如果能夠皈依佛門，一定能夠將佛法發揚光大。於是，脅尊者就從北天竺過來度化馬鳴外道。

路上經過一座寺院，有一群小沙彌見脅尊者年老慈祥，就圍著他打趣說笑；脅尊者毫不在意，對這些天真的小沙彌面露笑容，聽之任之。寺廟裡有些年齡較大的僧人看出這長老不是平凡之人，就提出各種問題向他請教；脅尊者總是有問必答，沒有任何問題能夠難住他，僧人們油然而生敬佩之心。脅尊者辭別之時，他們都依依不捨，一起走了很長的路才不得不送別。

脅尊者到了馬鳴外道居住的地方，特意在當地最大的寺院住下；他發現，這座寺院似乎少了通知作功課的犍椎。

脅尊者問寺院的僧人：「你們作功課時為什麼不依法鳴犍椎呢？」這

些僧人垂頭喪氣地說：「長老您有所不知。我們這兒有一個傲慢無理的外道，在辯論會上把我們的高僧駁斥得一敗塗地，所以不得不停止鳴犍椎的慣例。」

脅尊者就詢問事情的具體經過。僧人接著說，當時那個外道來挑戰，說：「你們現在寺廟裡沒有真正有學識的僧人，都是一些平庸之人。而且，佛法也沒有什麼了不起！如果你們不服，我們可以比試比試，根據各自的學說來進行辯論。有本事的，請站出來吧！」儘管寺院裡推舉了好幾位有學識的法師應戰，結果都輸了。外道還說：「如果你們還有誰想挑戰我，就敲響犍椎，否則以後永遠就別鳴犍椎了！」

脅尊者聽了之後，就安慰他們說：「這個外道雖然有些本事，但是我能夠說服他。你們先去稟報方丈，然後大膽鳴犍椎吧！」僧人們見脅尊者出言不凡，估計他是一位得道高僧，而且他們也特別希望有人來說服這個外道。於是就請方丈與脅尊者見面，並且大膽地敲響了犍椎。

年輕的馬鳴外道聽到犍椎敲響之聲，就氣勢洶洶地過來，責問這些僧人：「你們辯論失敗，就不應該打犍椎，為什麼今天又打起來了？」僧人們回答：「這不關我們的事情！北方來了一位長老，他讓我們打的。」馬鳴外道大聲問：「這人好大的膽子！我倒要看看他究竟有什麼能耐！」

脅尊者聽到馬鳴外道說話的聲音就走出來說：「是我讓他們打犍椎的。」

馬鳴外道一看脅尊者，只是一個清瘦的老僧，於是就責問說：「你這個遠來的老和尚，是不是不知道寺院不能打犍椎的規矩？」

脅尊者微笑著說：「我當然知道規矩，所以專門來打犍椎的。」

馬鳴外道上下打量了脅尊者一番，傲慢地說：「我與人辯論，從來沒有輸過。難道你也想和我辯論嗎？」

脅尊者說：「我正是為了與你辯論而來。我們佛門寬大為懷，素來不主動挑起事端；但是，你們這些外道太放肆了，竟然限制沙門活動。佛學博大精深，如海納百川一般，今天讓你見識一下大海的深廣也好。」

馬鳴外道哈哈大笑著說：「看來你是有備而來！來得正好，你不要誇口了，我倒要看看你的本事。既然你遠道而來，自視甚高，就讓我們邀請國王、大臣和各教各派的大法師都來看看，到底我們誰勝誰負？」

脅尊者說：「好！那我們就定在第七天辯論，也讓天下人做個見證。」

脅尊者收服馬鳴

到了第七天，道場上鐘鼓齊鳴，冠蓋雲集，國王、大臣、僧人和外道等都來觀看這場辯論。

脅尊者身著袈裟，偏袒右肩，儀態自若，緩步而來；他向國王大臣及觀眾問訊之後，從容登上高座，在主位坐下。

馬鳴外道衣著華麗，態度傲慢；登臺之時，見到先來的脅尊者坐了主位，只得在一旁坐下。

脅尊者微笑著向馬鳴外道問訊一禮。馬鳴外道本來態度傲慢，但是見到脅尊者和顏悅色，情志安詳，端坐莊嚴，自然具有佛子威儀，不由得暗自心驚：「這老和尚道風不凡，在這樣的大場面處之泰然，說不定真的有一些學問，今天得要小心謹慎了。」

馬鳴外道定一定神，傲氣又上來了，開口說：「今天我們雙方辯論，不比平常，得先訂立個輸贏的約定，你看怎麼樣？」

脅尊者說：「悉聽尊意，請你說吧！」

馬鳴外道說：「如果誰輸了，就割去誰的舌頭。怎麼樣？」

脅尊者說：「割掉舌頭有什麼用處？我們比的是學問高明，不是一般人打賭。我看，誰輸了就甘願成為對方的弟子。怎麼樣？」

馬鳴外道說：「也好，只要你不怕年紀大，輸了以後當眾拜我為師而感到羞愧。那麼，誰先提問？」

脅尊者說：「我年紀老了，又從遠方來，這次辯論我也先到，理應我先提問。」

馬鳴外道想了一想，覺得有道理，就說：「好，那就請吧。」

脅尊者說：「要使天下太平，沒有災禍，人民豐衣足食，國泰民安。應當如何實現？」

馬鳴外道沉思良久，始終想不出很好的辦法，只能沉默不言。

脅尊者說：「我們佛教有世間法和出世間法之分，國泰民安屬於世間法。要使國泰民安，就要從國王做起，愛臣民，輕徭役，薄賦稅，多作利國利民之事。如此一來，國王愛護臣民，臣民也愛戴國王，上下和諧，齊心協力，天下自然太平，人民自然安居樂業。這是很普通的道理，難道閣下也答不上來嗎？」

馬鳴外道面紅耳赤，與會者笑聲四起。

脅尊者又說了一些世間法與出世間法的道理，很多道理高深玄妙，馬鳴外道連聽都沒有聽到過。

輪到馬鳴外道提問的時候，他想用婆羅門教的學說來難住脅尊者。哪知尊者對所有經典無不精通，凡有所問都對答如流，而且從佛法角度給予了更精妙的解釋。

馬鳴外道辯論失敗，在大庭廣眾前只得服輸，自稱弟子。

馬鳴外道跟隨脅尊者回到了寺廟。雖然當了脅尊者的弟子，馬鳴外道心裡還是非常不服氣。聽著外面傳來鳴犍椎的聲音，心裡更是難受：「我才識遠震四方，辯論從無敵手，今天怎麼運氣不好，竟然輸給一個老和尚，今後還有什麼面目做人！」又想：「今天只是我輕視了這老和尚，讓老和尚占了先機。我的一身學問還沒有充分展現出來，就作了長老的弟子，心裡實在不甘心！」

脅尊者有他心通，對馬鳴外道的心思一目了然。知道他心有不甘，只是屈於打賭的諾言才拜師為徒，就走到他身邊和善地說：「佛法主張諸行無常、諸法無我。你是自我的執著太深了，處處以自我為中心，以致一葉障目，不能把聰明才智發揮出來。你試想，釋迦佛作太子時也是信奉外道，他想探索宇宙人生的真理，於是走出宮廷苦修六年。當他感到外道學說不能解決他心中疑問時，就獨自到菩提樹下修行，終於大徹大悟，領悟了至高無上的佛法真理；進而傳道四十九年，收了許許多多外道成為弟子。佛法至高無上，你現在成為佛弟子難道不是一件值得高興的事情嗎？」

馬鳴外道心裡一驚，沒想到脅尊者看穿了他的心思，不過他心裡還是有些猶豫：「佛陀自然是了不起；不過，佛法裡面所說的，就一定是真實的嗎？」

脅尊者笑著說：「自然是真實的。」他招手和馬鳴外道一起進入裡面的房間。關上門窗後，脅尊者對馬鳴外道說：「佛法真實不虛，我現在將佛法裡面不可思議的神通變化展現給你，你可看好了。」於是他躍起到半空中，顯現種種神通變化，只看得馬鳴外道瞠目結舌。

脅尊者收起神通，落地後說：「你看看我的能耐怎麼樣？是不是憑一時運氣才贏了你？」馬鳴外道知道脅尊者不僅佛法高深，長於辯論，更是具有真實修為，不禁心悅誠服，拜倒在地。

脅尊者說：「你的才能見識已經很難得了，只是沒有遇到善知識教導，所以才入了外道，使明珠沾上了塵土。你雖有天賦，但在修行上並無真實成就，所以要學好佛陀傳授的五根、五力、七覺支、八正道等正法，未來必定辯才深達，擔當起弘揚佛法的重任。」

馬鳴徹底醒悟，一心皈依佛門；脅尊者為他剃髮，先授沙彌戒。

數年後，脅尊者回北方繼續傳法，馬鳴菩薩則仍舊留在中天竺。

神通只是方便法門

脅尊者給馬鳴菩薩展示神通變化的時候，為什麼要關閉門窗不讓別人看到？這是因為，佛教不提倡顯示神通，不主張以顯示神通的方式來傳布佛法。

在佛法看來，神通只是佛法修行的副產品；如果把副產品當作目的，就完全誤會了佛法修行的本意，只會誤導人們遠離對智慧真理的追求；因此，即使有特別的機緣非要顯示神通時，也要極為謹慎小心。

從世間法來說，「顯異禍眾」是大忌諱，神通就是一種異常現象；如果一旦在大眾中展示，就會引發大眾的好奇、崇拜或恐懼，就會擾亂社會。所以，這種「顯異禍眾」的現象一定會被統治者密切監視甚至嚴格監管，反而不利於正法的傳播。而且，有的外道、鬼神也有神通；如果只關注神通，就會背離佛法以般若智慧度人的本意。

《阿含經》中曾記載了佛陀為什麼拒絕利用神通傳道的故事——

有一次，佛陀來到摩揭陀國遊歷說法，住在那爛陀城郊的芒果園中。某天，有一位名叫堅固的在家居士來芒果園拜訪佛陀。

居士向佛陀頂禮後，建議佛陀說：「世尊！那爛陀是一個繁榮富裕的城市，人口眾多；世尊如果能夠讓比丘在眾人面前展現神通，那爛陀城的百姓一定會更加地信仰佛法。」

佛陀回答說：「堅固，我從來不教比丘們展現神通，我只教導他們遠離喧囂，寧靜地思惟正法。如果有所成就，自己知道就好；如果有了過失，則當自我檢討，懺悔改過。」

然而，這位名叫堅固的在家居士還是再三請求佛陀，希望比丘們能夠為民眾展現神通，以爭取更多人產生信心，皈依佛門。

佛陀再次拒絕了，並說明了不以神通弘揚佛法的理由。

佛陀說：「堅固，我可以用三種自己的親身體證來作教化：一是神足神通，二是他心神通，三是教誡神通。

「什麼是神足神通？神足神通就是能變化出許多化身，能隱身、穿牆、入地、水上行走、空中飛行、身出煙火、直達梵天等超常能力。然而，如果有一位信仰正法、歸依三寶的佛弟子，告訴另一位不信佛法的朋友：『太希有神奇了！我見過比丘能現無量神足神通，他可以直達梵天，真是大神力、大威德啊！』那位不信的朋友可能會這樣回答：『是啊！確實有一種這樣的咒語，可以讓人有神通力，那位比丘就是依憑這樣的咒語而現無量神通。』你看，如此一來，不但沒有達到宣揚正法的目的，是不是反而成為對佛法的誹謗呢？因為展現神通變化對弘揚佛法可能帶來障礙，所以我不主張以展現神通的方式來弘揚佛法。」

佛陀接著說：「什麼是他心神通？那是不必別人告知、就能知道他人心中在想什麼的超常能力。同樣地，如果有一位信仰正法、歸依三寶的佛弟子，告訴另一位不信的朋友：『太希有神奇了！我見過比丘能展現他心神通，知道別人心中在想什麼，真是大神力、大威德啊！』那位不信的朋友可能會這樣回答：『是啊！確實有一種這樣的咒語，可以讓人有他心神通；那位比丘就是依憑這樣的咒語，而知道別人心中在想什麼的。』如此一來，不但沒有達到宣揚正法的目的，是不是反而成為對佛法的誹謗呢！所以我不主張以展現神通的方式來弘揚佛法。」

佛陀又說：「什麼是教誡神通？例如，我對比丘作這樣的教誡：『你應該這樣思惟，不要那樣思惟；意念應該這樣，不要那樣；應該捨離這些，而到那邊安住。』像這樣為他說法，內容純正，義理清淨，可以令人修行圓滿。這樣的教誡、說法，能夠讓聽者理解佛法的正知正見，能夠引發他們生起對正法的信心，進而有意願出家修學，成就三明解脫，這就是我給比丘們說的教誡神通。」

正如佛陀在《阿含經》中所說，展現神通並不一定有益於佛法的弘揚，甚至可能產生反作用，只有教導人們正確的佛法智慧才是大道。近代印光法師也曾這麼說：

夫欲得神通，須先得道，得道則神通自具。若不致力於道，而唯求乎通；且無論通不能得，即得則或反障道。故諸佛諸祖，皆嚴禁之，而不許人修學焉。

這就是說，要想得到神通，首先要修行佛法；佛法修行悟道了，不需要刻意追求，也能自然而然具有神通（但不一定發通）。相反地，如果不致力於佛法修行，反而執著於求神通，無論是否修得神通，都將會對佛法修行產生障礙。

所以，諸佛菩薩、諸大祖師都嚴禁佛弟子追求神通。

第三章　七馬垂淚聞善法

請（辯才）比丘說法，諸有聽者莫不開悟。王繫此馬於眾會前，以草與之；馬垂淚聽法，無念食想。於是天下乃知非恆，以馬解其音故，遂號為馬鳴菩薩。

馬鳴菩薩在脅尊者身邊勤苦修行，脅尊者離開後繼續深入三藏，佛法修為日益精深。而且，馬鳴菩薩在外道時期就擅長辯論；領悟了佛法真理之後，更是辯才無礙，沒有任何人能夠在辯論上勝過他。他才辯蓋世，四輩敬服，於是被人們尊稱為「辯才比丘」（註一），聲名遠播，遠近皆知。

化解兵災

不久以後，北天竺的小月氏國國王迦膩色迦王，起兵征伐馬鳴菩薩所在的中天竺國。他率領大軍將中天竺摩揭提國的王城團團圍困，只是還沒有發動進攻。

中天竺國王見到這個陣勢，知道難以抵抗。就派使者去問迦膩色迦王：「你們長時間圍困我的王城，使我的人民恐懼不安，你們要怎麼樣才肯退兵？」

迦膩色迦王說：「你們如果能送給我三億金，我馬上退兵。」

使者返回稟告，中天竺國王說：「我現在傾盡所有的財寶，也湊不齊三億金啊！」

迦膩色迦王又回覆：「你們有稀世的兩大國寶，足可抵二億金，難道你們不知道嗎？」

中天竺國王說：「我國哪有這樣貴重的國寶！」

迦膩色迦王說：「你們收藏有釋迦牟尼佛留下的佛缽，還有一位辯才比丘；把這兩樣寶物送給我，就足可以抵二億金。」

中天竺國王回話說：「佛祖留下的佛缽和辯才比丘，我國的確有這兩樣國寶，但是我不能送出去。」

迦膩色迦王於是兵臨城下，揚言：「倘若不交出佛缽和辯才比丘，我就要攻城了！」

馬鳴菩薩見到大軍圍城、人民恐慌，就一直關注著這件事情。明白了事情緣由之後，就馬上去王宮見中天竺國王。國王正不知道怎麼辦好，就這件事情給馬鳴請教。

馬鳴菩薩就勸說道：「陛下，您就滿足迦膩色迦王的要求吧！一則可以退兵，生靈免遭塗炭；二則他要佛缽與我，說明他心中十分敬重佛法。陛下把我留在國內，只是用佛法度化一個國家；如果把我送到北天竺，我還可以在其他國家弘揚佛法，讓天下人都受到佛化的利益。陛下放我而去，也是對他國之人的功德。願國王三思！」

中天竺國王本身信奉佛法，也非常敬重馬鳴菩薩；經過反覆思忖，終於同意了。

這件事情還有一種說法是：迦膩色迦王向中天竺王索要三億金，中天竺王拿不出這麼多錢，於是迦膩色迦王就索要三樣寶物，即佛缽、辯才比丘、慈心雞。慈心雞是一種很難見到的吉祥之物，牠不吃蟲子，啼叫起來能夠讓聽到的人心生慈悲、歡喜快樂。中天竺王最後交出了這三樣寶物，迦膩色迦王歡喜收兵而去。

得到佛缽和辯才比丘之後，迦膩色迦王滿意地退兵回國；快到京城犍陀羅的時候，舉國臣民焚香恭迎。

餓馬聽法，感動鳴叫

幾天以後，迦膩色迦王上朝。大臣們都知道了這次遠征中天竺的事情，有的大臣心有疑惑，就向迦膩色迦王稟報：「國王啊，佛陀用的佛缽確是稀世之寶，但比丘國內有的是，怎麼抵得上一億金呀？」國王說：「你們有所不知，這位辯才比丘不是一般人。他佛學高深，精於說法，又是脅長老的弟子；我迎他到本國來弘傳佛法，於國於民都是有很大利益的。」大臣們雖然覺得國王說得有理，仍有些懷疑。

一個月之後，國王打算請馬鳴菩薩說法，既讓群臣領略馬鳴菩薩的風采，也讓那些心有疑慮的大臣能夠安心。國王心裡想：「人們說畜生也有靈性，也能受到感化，我何不藉此機會試試辯才比丘的才華呢？如此也能讓大臣們心悅誠服。」

於是，國王令人挑選了七匹好馬，讓牠們餓了五天。到了第六天早上，國王召集所有沙門、外道等都來聽法；同時讓人把七匹餓馬繫在廣場的柱子上，準備了馬料，要看辯才比丘講經說法時這些餓馬會有什麼反應。

辯才比丘登壇講法，講的是《佛遺教經》；此經是佛陀涅槃前對弟子的最後教導，宣說佛教根本的戒定慧三學。比丘講經的時候舌綻蓮花，聲如天籟，所有人都聽得入神，廣場上一片肅穆；那七匹餓馬也豎耳諦聽，連馬夫送來的草料也忘了吃。

辯才比丘講經一結束，只聽到那七匹餓馬發出一聲聲長鳴，竟然都感動地流下了淚水！國王、大臣和諸多沙門、外道見此情景，都受到極大震撼，對馬鳴菩薩的佛法修為也非常佩服。

從此以後，人們就稱辯才比丘為「馬鳴菩薩」。

馬鳴菩薩由此聲名大振，所經之地人們摩肩接踵、絡繹不絕，都想親眼看看馬鳴菩薩，都想親耳聽到馬鳴菩薩的聲音。

迦膩色迦王熱衷於傳播佛法，便將馬鳴菩薩封為國師，經常在政務餘暇的時候向馬鳴菩薩請教佛法。在馬鳴菩薩的影響下，迦膩色迦王在全國各地興建佛塔、伽藍寺院等，並形成了日後佛教美術史上著名的犍陀羅美術。

之後，馬鳴菩薩在迦膩色迦王的支持下又到別國弘法。馬鳴菩薩足跡遍至天竺各地和南海諸國，獲得了人們的廣泛敬重，因此被稱為「功德日」，亦即被譽為像太陽那樣具有普利群生大功德的大菩薩、大聖人。

馬鳴菩薩講法，感動得七匹餓馬忘記吃草，流淚悲鳴；在佛典中，類似故事並不鮮見，這也印證了「眾生皆有佛性」的道理。

《印光法師文鈔》記載了「白鵝念佛，雙雙往生」的故事。故事大意是——當時，有居士在華亭山雲棲寺放生了一雄一雌兩隻鵝。寺廟裡的僧人早晚做功課的時候，兩隻鵝就站在門外，伸長了脖子看大殿裡的佛像。過了不久，雄鵝突然死了；雌鵝隨後幾天都不吃東西，但還是每天早晚來聽僧人做功課。寺裡的維那師覺得很神奇，就對雌鵝說了一心念佛、往生淨土的道理，然後為雌鵝大聲念佛。維那師才念了幾十聲佛，雌鵝突然在門外轉了三個圈子，翅膀拍了一拍，伏地而死。

這是發生在一九三〇年代的真實事情。印光法師對此感慨地說：「一切眾生，皆有佛性，皆堪作佛；鵝尚如是，可以人而不如鳥乎？」所有眾生，不管是人還是動物，都是有佛性的，如果刻苦修行，將來就一定可以成佛；鵝尚且知道修行，難道人還不如鵝嗎？

近代高僧虛雲老和尚也有老虎皈依的事蹟。一九三三年冬，虛雲老和尚在南華寺舉辦傳戒法會；因時值戰亂，來寺參加法會的達官貴人都帶著警衛侍從。某夜入壇時，突然有一隻猛虎跑過來；大家很驚慌，警衛就要掏槍射擊；虛雲老和尚聽見驚叫聲趕到，叫警衛不要開槍。老虎見到虛雲老和尚時，便跪伏在門前石階下，擺動尾巴，一動也不動。虛雲老和尚親自掌燈為老虎說三皈依，好言囑咐其隱入深山，不要出來傷人，並說偈語：「虎識皈依佛，正性無兩樣；人心與畜心，同一光明藏。」也就是說，老虎和人一樣都有佛性，都可以皈依佛門。受完三皈依，老虎三叩頭而去，走的時候還幾次回頭，似乎戀戀不捨的樣子。之後，這裡就再沒有出現老虎傷人的事情。

眾生有佛性，食素不殺生

正是因為眾生皆有佛性，所以佛教五戒之首就是「不殺生」。龍樹菩薩在《大智度論》中也說：「諸餘罪中，殺業最重；諸功德中，放生第一。」在所有罪業之中，殺生是最大的；在所有功德中，不傷害動物，把動物放歸大自然是首位的。漢傳佛教有吃素傳統，顯然這與佛教禁止殺生、提倡放生是一脈相承的。

吃素不僅對於佛教修行有好處，而且對於保護自然環境有著重要意義。在當今世界，利用各種善巧方便宣傳佛法是佛教適應時代發展的需要，這也是馬鳴菩薩利用多種方式宣傳佛法的現代啟示。漢傳佛教特有的吃素傳統，可以結合當今生態保護加以宣傳。科學研究表明，吃素是保護自然環境的一種重要方式。當今世界生態危機頻繁爆發的根源在於自然環境的被破壞，保護自然環境的一個重要方式就是吃素，對減少資源消耗、降低環境汙染、保護人類身體健康能夠起到重要作用。吃素與戒殺、放生往往聯繫在一起；如果能夠同時做到吃素、戒殺、放生，對於保護生態環境、實現世界和諧是大有裨益的。

「千百年來碗裡羹，冤深似海恨難平；欲知世上刀兵劫，但聽屠門夜半聲。」正是因為人與眾生結下了深重的殺業，所以世界上才有戰爭。佛教認為，眾生有三界六道輪迴；如果我們與眾生結下殺生的冤仇，冤冤相報何時了，世界就必然不太平。因此，佛教講究戒殺、放生，慈悲為懷，就是為了從根本上化解這些冤仇。眾生皆有佛性，怎麼能忍心殺害他們呢？而且，從輪迴的觀點而言，說不定這些動物在前世曾經是我們的親人，我們又怎麼能忍心殺害呢？倘若我們都能保持一顆慈悲之心，戒殺放生，自然就能消除業障，啟發智慧，實現世界和諧，眾生安樂，乃至於成就佛道。

馬鳴菩薩寫有一本譬喻佛法正道的《大莊嚴論》，其中就有這樣一則故事說明了不殺生、持戒修行的重要性——

有一天，一個比丘到一個為珍珠穿線的人家裡化緣乞食；當時，穿珠者正在為國王穿一顆名貴的摩尼寶珠。比丘此時穿著一件紅色衣裳，陽光下映照得這顆寶珠也是紅色的。見到比丘來乞食，穿珠者就到後面為比丘去盛食物。這個時候，一隻鵝走過來，看到這顆「紅色的」寶珠，以為是一塊肉，就把寶珠吞到肚子裡去了。

穿珠者回來一看，發現寶珠不見了，頓時心慌起來；這顆寶珠非常名貴，絕對是自己賠償不起的。穿珠者看到四周無人，這段時間並沒有其他人到他家來，於是認定是比丘把寶珠藏了起來，就要求比丘把寶珠交出來。

比丘心裡想：「如果我說出真相，穿珠者就會殺掉這隻鵝取出寶珠，這隻鵝就會因我而死，我不就犯了殺生的戒律嗎？如果我說謊，則又犯了妄語的戒律。外道婆羅門主張，為了活命可以說謊，佛法卻不是這樣；我應當嚴持戒律，即使失去生命也要如此！」

於是，比丘說了一首偈：

我今護他命，身分受苦惱；
更無餘方便，唯我命代彼。
我若語彼人，云是鵝所吞；

彼人未必信，復當傷彼命。
云何作方便，己身得全濟，
又不害彼鵝？若言他持去，
此言復不可；設身得無過，
不應作妄語。我聞婆羅門，
為命得妄語；我聞先聖說，
寧捨於身命，終不作虛誑。
佛說賊惡人，以鋸割截身；
雖受此苦痛，終不毀壞法。
妄語得全活，猶尚不應作；
寧以護戒心，而捨於身命。
我若作妄語，諸同梵行人，

稱譏我破戒；如是稱譏輕，
猶能燋我心。以是因緣故，
不應毀禁戒。今入大苦中，
我今應當學。如鵝飲水乳，
能使其乳盡，唯獨留其水；
我今亦當爾，去惡而取善。
經作如是說，智者共嬰愚；
雖復同其事，終不從彼惡。
善人能棄惡，如鵝飲水乳。
我今捨身命，為此鵝命故；
緣我護戒因，用成解脫道。

穿珠者聽到比丘的偈子之後，還是對比丘說：「快把我的寶珠還來！這是國王的摩尼寶珠，如果不還給我，我就和你拚命！」比丘說：「我確實沒有偷你的寶珠。」穿珠者關上大門說：「這裡四處無人，不是你偷的，又是誰偷的？」比丘無話可說，只是站起身來整理好衣衫。

穿珠者見比丘這個樣子，就說：「難道你一個出家比丘，想要和我打鬥嗎？」比丘說：「我們是出家人，自然不會打鬥；佛陀教導我們任何時候都要整理衣衫，而並不是裸露形體，所以我只是整理衣衫而已。」穿珠者奇怪地問：「難道你們不愛惜身命嗎？」

比丘又說了一首偈子以表達持戒的決心：

我捨身命時，墮地如乾薪；
當使人稱美，為鵝能捨身。
亦使於後人，皆生憂苦惱；
而捨如此身，聞者勤精進。

修行於真道，堅持諸禁戒；

有使毀禁者，願樂於持戒。

穿珠者此時心急如焚，不管比丘說什麼，就用繩子把比丘綁起來，然後用棍棒毆打，一邊打一邊問：「把我的寶珠還給我！」比丘忍痛回答：「我沒有寶珠。」穿珠者看到比丘這麼說，雖然心裡也頗為存疑及苦惱；但是，想到國王如果怪罪下來，自己一家恐怕要受到嚴厲懲罰。於是流著淚跪在比丘的腳邊說：「這是國王的寶珠，如果我不能還給國王，就會受到嚴厲的懲罰。請您將寶珠還給我吧！」比丘長嘆一聲說：「我實在是沒有寶珠可以還給你。」

比丘又說一偈，表達自己效仿佛陀以命持戒的決心：

當念一切智，大悲為體者；

是我尊重師，當憶佛所告，

富那伽之言；又復當憶念，
林間忍辱仙，割截於手腳，
並劓其耳鼻，不生瞋恚心。
比丘應當憶，修多羅中說，
佛告於比丘，若以鐵鋸解，
支節手足等，不應起惡心；
但當專念佛，應當念出家，
及憶諸禁戒。我於過去世，
淫盜捨身命，如是不可數；
羊鹿及六畜，捨身不可計。
彼時虛受苦，為戒捨身命，
勝於毀禁生；假欲自擁護，

會歸終當滅，不如為持戒。

這個時候穿珠者心裡非常痛苦，流淚說：「你一個出家比丘，不能貪戀財物，現在卻貪戀財物、拿了我的寶珠，不僅犯了戒，而且害我一家老小陷入苦難，這難道是比丘應當做的嗎？」比丘微笑搖頭，不再說話。

穿珠者見到比丘這個樣子，心裡又悲傷又憤怒，於是又用棍棒使勁打比丘，打得比丘口鼻流血。血流滿地之時，剛才那隻吞下寶珠的鵝又來了；鵝走過來飲血，結果被憤怒的穿珠者一棒子打死。比丘見了之後，悲傷地問：「這隻鵝死了嗎？」穿珠者有些奇怪地問：「你不關心自己的生命，為什麼要關注一隻鵝？」比丘長嘆一聲，這才將寶珠被鵝吞下的事情說了出來：

我著赤色衣，映珠似肉色；
此鵝謂是肉，即便吞食之。
我受此苦惱，為護彼鵝故，

逼切甚苦惱，望使得全命。

一切諸世間，佛皆生子想；

都無功德者，佛亦生悲愍。

瞿曇是我師，云何害於物？

我是彼弟子，云何能作害？

這首偈子解釋了事情的因緣：因為比丘穿著紅色衣裳，映照得寶珠成為紅色，結果被鵝當做一塊肉吞了下去。比丘想效仿佛陀（瞿曇是佛陀的種姓），愛惜一切生命，憐憫一切生命，所以堅持不說出真相，只希望以自己的生命挽救鵝的生命。

穿珠者大吃一驚，於是剖開鵝的肚子，果然見到了這顆寶珠。穿珠者放聲大哭，跪伏在比丘面前深切懺悔說：

汝藏功德事，如以灰覆火；

我以愚癡故，燒惱數百身。
汝於佛標相，極為甚相稱；
我以愚癡故，不能善觀察，
為癡火所燒。願當暫留住，
少聽我懺悔；猶如腳趺者，
扶地還得起，待我得少供。
然後穿珠者又合掌向比丘說：
南無清淨行，南無堅持戒；
遭是極苦難，不作毀缺行。
不遇如是惡，持戒非稀有；
要當值此苦，能持禁戒者，
是則名為難。為鵝身受苦，

不犯於禁戒，此事實難有。

穿珠者懺悔之後，恭敬地送走比丘。經過這件事情，穿珠者加深了對佛教比丘的敬重，也對佛教生起了敬仰之心。馬鳴菩薩透過類似這些故事的傳播，也使得更多的人開始敬重佛教、信仰佛教。

【註釋】

註一：以下簡單地將佛教的比丘、尊者、沙門、佛缽等名詞予以說明——

比丘：佛教的專門用語，是從梵語 bhikṣu 之音譯，又譯為苾芻，乃是對男子出家受具足戒者的稱呼；例如，馬鳴菩薩又被稱為辯才比丘。

比丘尼：佛教的專門用語，是從梵語 bhikṣuṇī 之音譯，為對女子出家受具足戒者的稱呼，又稱為尼師、尼僧（俗稱之「尼姑」本無貶義）。

具足戒：意思是指戒律上的圓滿充足。依據佛教《四分律》的規定，比丘戒有二百五十條，比丘尼戒有三百四十八條。

沙門：梵語 śramaṇa 之音譯，原為古印度宗教名詞，泛指所有出家修行之修道者，後為佛教沿用為男性出家眾的總稱。

和尚：梵語 upādhyāya，音譯為鄔波馱耶、優婆陀訶等，又稱為和上、和闍等（印度方言稱鄔波馱耶為殟舍〔Khosa〕，或因此轉音成「和尚」），為佛教中對親教師的稱呼；後來也用於指稱出家修行的比丘，有時也指比丘尼。

居士：主要指在家受持三皈五戒的佛教徒。

優婆塞：梵語 upāsaka 的音譯，指在家中奉佛的男子，即男居士。

優婆夷：梵語 upāsikā 的音譯，指在家中奉佛的女子，即女居士。

尊者：一般指輩分或地位高的人。在佛教中，尊者是梵語「阿梨耶」（ārya）的意譯，指具有較高德行、智慧的僧人或聖者，例如脅尊者。

長老：是對老年人的尊稱，也用於尊稱年老的僧人，或者指代寺院的主持僧；例如，脅尊者也被稱為脅長老。

法師：指精通佛法、善說教理並致力於修行佛法的出家人，一般也作為對出家人的敬稱，亦可用於道教。如《唐六典．禮部尚書．祠部郎中》：「道士修行有三號：其一曰法師，其二曰威儀師，其三曰律師。」

師傅：有多種含義，如老師的通稱；太師、太傅或少師、少傅的合稱；對衙門中吏役的尊稱；對有專門技藝之工匠的尊稱；對僧人、道士等修道者的尊稱。在中土漢傳佛教中，一般稱比丘、比丘尼為師傅，在家居士則不可被稱為師傅，一般稱師兄或賢友，或尊稱為大德、居士。

羅漢：又稱阿羅漢，佛教用語，是對梵語 arhat 的音譯，意為值得崇敬者，故又譯為「應供」，指佛法修為高深、斷除煩惱的尊者；證得阿羅漢果的聖者，會自知：「我生已盡，梵行已立，所作已作，自知不受後有。」我國寺廟中供奉的羅漢有十六尊、十八尊、五百尊、八百尊之分。

佛缽：又作佛缽盂、化缽等，指佛陀所持用化緣的食缽。

舍利子：釋迦牟尼遺體焚燒之後留下的各種聖物，後來也泛指佛教修行者去世火化後的結晶體。據《法苑珠林》等佛教史籍記載，釋迦牟尼佛涅槃後留下了一塊頭頂骨、兩塊肩胛骨、四顆牙齒、一節中指指骨舍利及八萬四千顆真身舍利。

對於舍利的解釋，印光法師說：「舍利者，係梵語，此云身骨，亦云靈骨。乃修行人戒、定、慧力所成，非練精、氣、神所成。此殆心與道合，心與佛合者之表相耳。非特死而燒之，其身肉、骨、髮變為舍利。」即舍利是佛法修行的產物，是佛法真諦的表相，而不是練精、氣、神或肉、骨、毛髮燒出來的剩餘物。

第四章　詩劇歌賦作佛唱

意述如來始自王宮終乎雙樹，一代佛法並緝為詩，五天南海無不諷誦。意明字少而攝義能多，復令讀者心悅忘倦，又復纂持聖教能生福利。

馬鳴菩薩辯才無礙，精通三藏教義，對後世大乘佛法的傳播起到了重要作用。據傳為龍樹菩薩所著的《釋摩訶衍論》中便認為，馬鳴菩薩是「大光明佛」再來世間傳法。

《大乘起信論》是馬鳴菩薩的著作，因此馬鳴菩薩也被認為是西域造論與宗的始祖。在馬鳴菩薩以前，雖然也有論著，但通常是對佛經的註釋，並非將佛法加以體系化地闡發，成為新的佛法論著。直到馬鳴菩薩寫《大乘起信論》

開始，才有高僧大德陸續撰寫此類著述。

一般而言，佛教的「經、律、論」三藏中，「經」是指釋迦牟尼佛親口所說、由其弟子所集成的法本；「律」是指佛陀為其弟子所制定的戒條；「論」是佛陀的弟子們在學習佛經後所發揮的心得。《大乘起信論》對於大乘佛法的闡發極為精妙，被後世學人認為是大乘佛法的入門之書。正是《大乘起信論》的影響，使得後世高僧大德更加重視「論」的學習或著述。

透過藝術形式弘揚大乘

馬鳴菩薩不僅是一位佛教高僧，更是一位佛教文學、藝術、音樂等各種佛教藝術形式的奠基者。他通過詩劇歌賦等各種方式宣揚佛法，不僅在當時產生很好的效果，而且對於後世的佛法弘傳產生了深遠影響。馬鳴菩薩將深奧的佛法道理融入到音樂、戲劇、詩歌等文藝作品中，讓大眾能夠在欣賞詩劇歌賦的過程中領悟佛法真理。

馬鳴菩薩辯才無礙，還將這種高超的辯論技巧融入到文采斐然的歌劇、音樂之中；使得大眾不僅能夠享受到美妙的戲劇、音樂，而且在潛移默化中受到佛法的感染。

馬鳴菩薩還精通音律，在唱誦、彈琴等各方面都有極高天賦，經常親自演奏音樂或進行梵唄唱誦；其高超的藝術技巧和動人心魄的聲樂彈奏，常令聽眾如癡如醉，感人至深。

可以說，馬鳴菩薩不僅在宗教界經由辯論的方式弘揚了佛法，而且透過民眾喜歡的通俗方式宣傳佛法，由此極大地擴展、深化了佛法的社會影響，自己也名聲鵲起，其聲名和事蹟甚至傳遍了五天竺（北、中、東、南、西）和南海諸國。

馬鳴菩薩創作了諸多佛教文學作品，目前流傳下來最著名的有《佛所行讚》（即《佛本行詩》），還有《孫陀羅難陀詩》（即《美難陀傳》）；《大莊嚴論》以譬喻方式講述佛法，也具有極高的文學價值。這些著述在當時產生了極大影響，傳遍古天竺各地和南海諸國。後世高僧義淨三藏在《南海寄歸內法傳》（註一）中對此描述說：

> 尊者馬鳴亦造歌詞及《莊嚴論》，並作《佛本行詩》，大本若譯有十餘卷。意述如來始自王宮、終乎雙樹，一代佛法並緝為詩，五天、南海無不諷誦。意明字少而攝義能多，復令讀者心悅忘倦，又復纂持聖教能生福利。

義淨法師讚歎馬鳴菩薩創作了《大莊嚴論》和《佛本行詩》；其中，《大莊嚴論》以諷誦、譬喻的形式宣傳佛法，《佛本行詩》以詩歌的形式描述佛陀生平，若翻譯過來則有十多卷。透過詩歌藝術的形式，馬鳴菩薩對釋迦牟尼「八相成道」的一生進行了描述：從釋迦牟尼佛走出王宮追求佛法真理，一直談到釋迦牟尼佛在娑羅雙樹下入滅為止。雖然詩歌的字數較少，但是內涵雋永，將佛祖的偉大一生描述出來；不僅讓讀者讀起來心曠神怡、廢寢忘食，而且能夠令讀者得以親近及修持佛教教理，從而獲得無上福報。

《大莊嚴論》

《大莊嚴論》用了很多生動的故事來宣傳佛法，能夠讓一般民眾很容易地理解佛法、接受佛法，其中的很多故事時至今日還廣為流傳；例如，第七十則故事「兩個鹿王」就是如此，不僅內容生動，而且蘊含佛法至理。故事如下——

雪山裡面住著兩位鹿王，一位鹿王叫菩薩鹿王，另外一位叫提婆達多，各自統領著五百隻鹿的鹿群。當時的人類國王名叫梵摩達，非常喜歡打獵。

有一天，國王帶著很多侍從到雪山狩獵，將兩群鹿都圍了起來。眼看這兩群鹿就要遭受捉捕甚或殺戮；菩薩鹿王為了鹿群免此劫難，沒有其他辦法，只能去找國王求情。

菩薩鹿王對梵摩達國王說：「大王，如果您把我們所有鹿全部殺死了，一下子也吃不了這麼多；不如我們每天主動向您進貢一隻鹿，這樣您就可以每天吃到新鮮的鹿肉。」梵摩達國王聽後覺得很有道理，便同意了鹿王的請求。於是，菩薩鹿王與提婆達多鹿王達成約定，兩群鹿每天輪流進貢一隻鹿給梵摩達國王。

有一天，輪到提婆達多鹿群中的一隻母鹿去進貢了；但是，這隻母鹿懷了孕，再過不久就要生產了。為了保護肚子裡的孩子，母鹿求救於提婆達多鹿王，說腹中尚有將要出生的鹿仔，能不能先派其他鹿去進貢，待生下小鹿以後自己再去進貢；但是，母鹿的請求遭到了提婆達多的拒絕。無奈之下，為了肚子裡的孩子，母鹿只好求救於菩薩鹿王。菩薩鹿王想了想，先派哪一隻鹿去都不合適，於是決定自己替代母鹿去進貢。

菩薩鹿王因為思維眾鹿的苦難煩惱而當下悟道。他說了一首偈子：

我今躬自當，往詣彼王廚。
我於諸眾生，誓願必當救。
我若以己身，用貿蚊蟻命；
能作如是者，尚有大利益。
所以畜身者，正為救濟故；
設得代一命，捨身猶草芥。

這首偈子表達了菩薩鹿王願意以自己的性命拯救眾生的願望。聽完菩薩鹿王所說的偈子，眾鹿紛紛勸說鹿王不要這樣。

菩薩鹿王說：「如果讓你們中的任何一個去都會讓你們心生煩惱，而我已經立下誓言自己去，並且心中歡喜沒有煩惱悲傷，所以不用勸我了。」然後又說了一首偈子：

不離欲捨身，必當有生處；
我今為救彼，捨身必轉勝。
我今知此身，必當有敗壞；
今為救愍故，便是法捨身。
得為法因者，云何不歡喜。

這首偈子的意思是說：我現在是為了救眾生，也是為了佛法捨身。我們的生命是有限的，必然要生、老、病、死；現在能為佛法奉獻，有什麼不歡喜的呢？

梵摩達國王見到菩薩鹿王親自前來進貢，有些不解地問：「難道你們那麼多鹿都被吃光了嗎？」菩薩鹿王於是將母鹿的情況轉告給梵摩達國王，並說了一首偈子：

意欲有所求，不足滿其心；
我力所能辨，若當不為者，
與木有何異？設於生死中，
捨此臭穢形，當自空敗壞。
不為毫釐善，此身必歸壞；
捨己他得全，我為得大利。

梵摩達國王聽後大為震驚，被菩薩鹿王捨身替死的精神深深感動。他想：「鹿王雖然是鹿身，卻肯為自己的子民捨身；而自己堂堂一國之主，卻要每天宰殺眾生以飽口福，實在慚愧。」於是說了一首偈：

我是人形鹿，汝是鹿形人；
具功德名人，殘惡是畜生。

嗚呼有智者，嗚呼有勇猛；
嗚呼能悲愍，救濟眾生者。
汝作是志形，即是教示我。
汝今還歸去，及諸群鹿等；
莫生怖畏想，我今發誓願，
永更不復食，一切諸鹿肉。

梵摩達國王被菩薩鹿王的精神所感動，覺得菩薩鹿王能夠捨身為民，自己卻在殘害生靈，真是慚愧！只有能夠救濟眾生的人才是真正的勇士，因此國王讓菩薩鹿王回去，並發誓永遠不再吃鹿肉。

菩薩鹿王感激國王的恩典，接著說：「大王如果憐憫眾生，應當親自去鹿群之中宣說，這也是一種無畏布施和法布施。」

梵摩達國王便和菩薩鹿王一起前往鹿群，並說偈言：

是我國界內，一切諸群鹿，
我以堅擁護，慎莫生恐怖。
我今此林木，及以諸泉池，
悉以施諸鹿，更不聽殺害；
是故名此林，即名施鹿林。

馬鳴菩薩以精深優美的筆調將這個故事生動表現出來，為民眾宣說了佛法不殺生的戒律，也凸顯了佛法修行要慈悲為懷，甚至不惜為眾生犧牲的崇高精神。這也正是這則故事開篇所寫的那樣：「菩薩大人，為諸眾生不惜身命。」

《佛所行讚》以優美詩歌的形式對釋迦牟尼「八相成道」的一生進行了描述；其文筆之優美、內涵之雋永，在當時和後世都是無與倫比的。

什麼是佛陀的「八相成道」呢？

釋迦牟尼是佛教創始人，姓喬達摩（Gautama），名悉達多（Siddhārtha）。「釋迦牟尼」（Śākyamuni）的意思是「釋迦族的聖者」。「八相成道」概括了釋迦牟尼佛的一生經歷，其八相為——

一是「降兜率」：釋迦牟尼降生前住在兜率天內院，後觀察五種因緣，即時間、地點、國家、家庭、父母已經成熟，便決定降生人間，度化眾生。

二是「入胎」：釋迦牟尼乘坐長著六根牙齒的白色大象，大象嘴裡含著白色蓮花，下降到北天竺迦毗羅衛國，從淨飯王夫人摩訶摩耶的左肋入胎。

三是「出生」：四月初八，釋迦牟尼自摩耶夫人右肋出胎，誕生於蘭毗尼園的無憂樹下，成為悉達多太子。據《佛陀本生傳》所載，佛陀誕生時，於四方各行七步，右手指天，左手指地，說：「天上地下，唯我獨尊。」這時有兩條龍吐水為太子洗浴。所以，這一天在後世被稱為浴佛節。

四是「出家」：太子看到世間老、病、死等無常之苦後就產生了出家修道之念。在一個月明之夜，太子毅然拋棄王位、財富和妻子，悄悄離開王宮，決心到深山僻林中去尋求解脫人生痛苦的真理。黎明，太子自剃鬚髮，披上袈裟，並遣侍者車匿回城向淨飯王報告他已出家。太子時年二十九歲。

五是「降魔」：太子在苦行林中修六年苦行，形體枯瘦，仍未見道。他便放棄苦行，秉行中道，受牧女乳糜之供恢復了健康。太子來到附近一株大菩提樹下，以吉祥草敷設金剛座，東向端身正坐，發誓說：「我今若不證無上大菩提，寧可碎此身，終不起此座！」他在樹下靜坐四十九天，克服了各種魔障。

六是「成道」：臘月初八，太子在菩提樹下夜睹明星，豁然大悟，成就無上正等正覺。由此，世人尊稱他為佛陀，聖號釋迦牟尼，時年三十五歲。釋迦牟尼佛成道時說：「奇哉，奇哉！大地眾生，皆具如來智慧德相，但因妄想執著，而不能證得。」這就是說，一切眾生皆有佛性，皆可成佛。

七是「弘法」：釋迦牟尼成道後，先赴鹿野苑度化五比丘，以後陸續又度化了一千餘人。之後，釋迦牟尼率領一千二百五十弟子周遊各地，宣講佛法。釋迦牟尼推動正法之輪，破除各種異端邪說，弘揚佛法，普度眾生。

八是「入涅槃」：釋迦牟尼八十歲時，自知這一世和娑婆世界的因緣將盡，於是離開說法的王舍城，來到拘尸那揭羅附近的娑羅雙樹下，吉祥臥而入涅槃。

馬鳴菩薩所寫的《佛所行讚》，不但文辭優美，敘事豐滿細膩，而且風格鮮活，可以說是古典時期梵語文學的先驅，也開創了天竺優美文學的先河。除了在古天竺全境和南海諸國傳誦一時，而且對於後來貴霜帝國的佛教傳播影響甚大；貴霜王朝很多佛教雕塑所採用的內容，都是依據《佛所行讚》的內容製作而成。當時，小月氏國的迦膩色迦王就是貴霜王朝歷史上最熱衷於弘揚佛教的國王；他尊馬鳴菩薩為國師，對於佛教傳播產生極大的推動作用。

《佛所行讚》、《美難陀傳》、《舍利弗傳》是馬鳴菩薩的主要文學作品，為現存梵文文學中最古老的戲劇作品，也是印度現存最早的梵語劇本。《佛所行讚》描述了佛陀的一生；《美難陀傳》描述的是佛陀度化其同父異母之胞弟難陀（Sundarananda Shakya，全稱為孫陀羅難陀）的故事，全詩共十八章，詳細敘述了難陀尊者出家修行並獲得成就的一生，並在字裡行間闡發了大乘佛法的甚深法義；《舍利弗傳》則以戲劇的形式，描寫了婆羅門青年舍利弗（Śāriputra）和目犍連（Maudgalyayana）皈依佛陀的故事，原劇九幕，現存殘卷。

馬鳴菩薩以文學作品的方式宣傳佛教故事，並在佛教故事中宣說佛道正法，對於推廣佛法產生很好的效果。馬鳴菩薩在詩詞歌賦中大量使用偈子這一方式，用言簡意賅的語言將佛法通俗地表現出來，開創了佛教優美文學的先河。例如《佛所行讚》，就處處透過對佛陀一生傳奇故事的述說，將佛法在其中表現出來。

在《佛所行讚·第十四品》中，便透過對佛陀悟道的描述，表達了佛教「緣起性空」的真理：

諸根生於觸，觸復生於受，
受生於愛欲，愛欲生於取，
取生於業有，有則生於生，
生生於老死，輪迴周無窮。
眾生因緣起，正覺悉覺知；
決定正覺已，生盡老死滅，

有滅則生滅，取滅則有滅，
愛滅則取滅，受滅則愛滅，
觸滅則受滅，六入滅觸滅，
一切入滅盡，由於名色滅，
識滅名色滅，行滅則識滅，
癡滅則行滅，大仙正覺成。
如是正覺成，佛則與世間。

這段詩偈的大意是：眾生之所以在輪迴苦海中沉淪，承受生、老、病、死等苦難，其根本原因在於不能保持空性的智慧，而是一顆心隨著色、聲、香、味、觸、法而起伏生滅。如果能夠超越外界的感覺，保持內心的清淨不動，就能夠將這些妄念滅除掉；一旦滅除了妄想執著，內在本來就有的佛性就顯現出來，於是就悟道了。佛陀正是因為如此，成就了無上正等正覺，所以才到世界上傳播佛道正法，這就是緣起性空的真理。

所謂「緣起」，就是說世界上沒有獨存性的事物，也沒有常住不變的事物，一切都是因緣和合所生；也就說，我們看到的客觀世界是一個表象世界。所謂「性空」，就是說因緣和合所生起假有之本性是空的；如果自性不空，則不能有，也就是說表象世界背後有一個空性本體，這就是真如佛性。簡單地說，只有超越世界虛假的表象世界，保持內心的清淨觀照，才能理解空性，才能彰顯般若智慧。

佛陀涅槃之後，《佛所行讚．第二十八品》結尾這樣說：

第一大慈悲，通達第一義；
度一切眾生，孰聞而不感。
生老病死苦，世間苦無過，
死苦苦之大，諸天之所畏；

永離二種苦，云何不供養？
不受後有樂，世間樂無上；
增生苦之大，世間苦無比。
佛得離生苦，不受後有樂；
為世廣顯示，如何不供養？
贊諸牟尼尊，始終之所行；
不自顯知見，亦不求名利；
隨順佛經說，以濟諸世間。

這段詩歌，一方面表現了佛陀的崇高和偉大，讓大眾由衷生起對佛陀的敬仰之情；另一方面，通過對生老病死苦的述說，表現了佛陀所傳教法的正確性，讓大眾認識到，只有勤修佛法才能真正實現離苦得樂。

《佛所行讚》、《美難陀傳》、《舍利弗傳》這三部作品，具有後來梵語戲劇的大部分藝術特徵：有地位的角色說梵語，普通人說俗語，臺詞散韻雜糅，有上場、退場等舞臺提示，劇中有喜劇性丑角出現，結尾有祝福詩等。馬鳴菩薩所作歌詠，包括唱誦的規矩制度等，在天竺一直流傳到後世。義淨三藏到天竺求法的時候，見到很多地方仍舊在沿用馬鳴菩薩的戲劇形式。義淨三藏在《南海寄歸內法傳》中詳細記錄了唱誦之規：

即如西方，制底畔睇及常途禮敬，每於晡後或曛黃時，大眾出門繞塔三匝。香花具設並悉蹲踞，令其能者作哀雅聲，明徹雄朗贊大師德，或十頌或二十頌，次第還入寺中至常集處。既其坐定，令一經師升師子座讀誦少經；其師子座在上座頭，量處度宜亦不高大。所誦之經多誦三啟，乃是尊者馬鳴之所集置。初可十頌許，取經意而讚歎三尊；次述正經，是佛親說。讀誦既了，更陳十餘頌，論回向發願。節段三開，故云三啟。

這段記錄的大意是：唱誦的規矩如天竺古制，用於禮拜佛塔和平常的禮拜等儀式。在申時（下午三至五點）後或黃昏以後，大眾出門繞著佛塔三圈。香花鋪設，儀式莊嚴。大眾唱誦時聲音哀雅明亮，稱讚大師德行。每次唱誦十頌或二十頌，唱誦完畢之後返回寺廟聚集。大眾坐下之後，一名經師登上獅子座誦讀佛經，獅子座應當適宜而不高大。經師誦讀佛經採用的是馬鳴菩薩所設定的「三啟」形式：誦讀之初大約是十頌，即根據佛經大意而對佛、法、僧予以讚歎；然後是誦讀佛陀親說的經文；誦讀完畢之後，還要念誦十餘頌，並回向發願。這種三個階段的誦讀形式，就稱為「三啟」。這種形式由馬鳴菩薩開創，不僅在當時很流行，而且一直流傳至今。

馬鳴菩薩曾經去摩揭陀國華氏城遊歷教化，看到城裡的民眾喜歡音樂舞蹈，於是就隨順因緣創作了美妙的伎樂《賴吒和羅》。所謂伎樂，相當於我們今天所說的露天表演的音樂舞蹈劇。

賴吒和羅（Rāstrapāla）是一位佛教尊者，又音譯為羅吒波羅、賴吒拔檀，意譯為「護國」；他也被稱為「大淨志」，意思是有偉大而清淨的志向。賴吒和羅是中天竺西北方居樓國俞蘆吒村富豪之子；當佛陀遊歷到此宣傳佛法時，賴吒和羅跟隨佛陀出家。出家後，賴吒和羅精進修行，終於大徹大悟。

有一次，賴吒和羅返回故鄉，他的父母不想他繼續出家，就用美女來誘惑他還俗。但是，來誘惑賴吒和羅的美女，聽了賴吒和羅宣說佛法之後，反而受到了極大啟發，皈依佛門。賴吒和羅辭別父母，繼續到各地傳法，後來還度化拘牢婆王皈依了佛門。

馬鳴菩薩到了華氏城，就將賴吒和羅尊者的事蹟編成音樂劇來表演。其中有歌詞大意為：

有為如幻如化，三界獄縛，無一可樂。
王位高顯；勢力自在；無常既至，誰得存者？
如空中雲，須臾散滅；是身虛偽，猶如芭蕉；

為怨為賊，不可親近；如毒蛇篋，誰當愛樂？

是故諸佛，常呵此身。

這段歌詞的大意是：世間一切事物都是轉瞬即逝的，即使位居王位，也不能永恆存在，還是有生老病死，所以不要去留戀這些事物，而要像面對怨賊、毒蛇那樣避之不及，只有修行佛法才能獲得解脫。

馬鳴菩薩讓華氏城裡的樂師演奏《賴吒和羅》；但是，這些樂師都難以理解其中的演奏技巧，曲調音節往往都弄錯了。於是，馬鳴菩薩就穿著白衣，親自教導樂師調和琴瑟，一邊擊打鐘鼓，一邊示範演奏。馬鳴菩薩的演奏不僅曲調優美，音節哀雅，而且自然而然地將佛法中苦空無我的意蘊體現出來。在馬鳴菩薩的教導下，樂師很快掌握了演奏技巧；甚至在馬鳴菩薩的感召下，樂師還領悟了佛法真義。

在馬鳴菩薩的帶頭演奏和示範教導下，無論是樂師還是表演者，都表現出極高的水準。《賴吒和羅》的演奏取得了極大成功，民眾不僅聽得如癡如醉，而且從戲劇表演中深刻體會一切世間法如夢幻泡影的道理，由此生起上求佛道之心。

馬鳴菩薩和樂師、表演者的演奏轟動一時，甚至感動得華氏城中五百王子豁然開悟，發心出家修道，這也成為佛教史上以戲曲音律度化眾生的一樁美談。後來，華氏城王擔心民眾聽到此伎樂後都會出家修道，會導致王國空曠，甚至王業廢壞，於是宣布國內不得再演奏此樂。

「人能弘道，非道弘人」，用這句話來說明馬鳴菩薩對弘揚佛法的影響是非常貼切的。縱觀馬鳴菩薩的一生，以文藝度眾，以詩偈歌詠詮釋佛法真諦，並參與經典結集，終結佛教各部派的百年紛爭，確實對大乘佛法的傳播建立了不朽功業。

馬鳴菩薩以音樂戲劇等方式傳播佛法，亦對後世的佛教梵唄產生了很大影響。所謂梵唄，指的是佛教徒舉行宗教儀式時，在佛菩薩前歌誦、供養、讚歎的音聲修行法門。梵（brāhma），是清淨之意；唄，是梵語「唄匿」（pāṭha）的略稱，意為讚頌或歌詠。梵唄的形成、發展和系統化，便與馬鳴菩薩以唱誦方式傳播佛法密切相關。

【註釋】

註一：義淨法師（西元六三五至七一三年），唐代高僧，效法玄奘法師於海路西行求法。海外求法總計二十五年，遊歷三十多個國家，帶回的梵本經論約有四百部，還帶回舍利三百粒。抵達洛陽時，武則天女皇親自迎接，敕住於佛授記寺。在唐代各種敘述南海史地的記傳著作中，記載最詳盡的首推義淨三藏的《南海寄歸內法傳》和《大唐西域求法高僧傳》二書。《南海寄歸內法傳》是佛教史傳，唐義淨撰，四卷。這本書是義淨法師由印度歸國途中在南海室利佛逝（今印尼蘇門答臘）停留時所撰。義淨將其與《大唐西域求法高僧傳》兩卷及新譯經論十卷，一起托人寄歸國內。《南海寄歸內法傳》詳細介紹了印度及南亞諸國所奉行的佛教儀軌四十條，此外還記載了風土人情等各方面情況，是研究南亞次大陸歷史、地理和佛教史的重要資料。

例如，在諸多贊詠之禮中，介紹了當時流行的許多讚頌，除馬鳴菩薩所作偈頌外，尤以龍樹的《勸誡王頌》為最有名。又如，在第三十四條西方學法中，介紹了印度梵語語言學家波尼儞（西元前四世紀）等人的著作，並著重介紹了學習梵語語法的方法，至今仍未失其價值。此外，本書序言中還扼要介紹了印度古代哲學的各個派別和佛教發展的歷史，並著重介紹了當時佛教的部派思想及其分布情況，這些都是研究印度佛教史和宗教史的珍貴資料。

第五章　覿面降魔三千眾

佛涅槃後六百歲已，九十六種諸外道等，邪見競興，破滅佛法。有一比丘，名曰馬鳴，善說法要，降伏一切諸外道輩。

馬鳴菩薩廣宣大乘佛法，名聲傳遍天竺和南海諸國，備受時人推崇，被尊稱為「功德日」。

九十六種外道

馬鳴菩薩在傳法過程中，擅長以辯論方式破除邪見，宣揚佛法真諦，後人稱讚說：「沒有馬鳴菩薩不能回答的問題，沒有馬鳴菩薩不能駁倒的非難；如同強風吹倒枯木一般，馬鳴菩薩經常折服問難者。」正因為此，《摩訶摩耶經》中記載：

佛涅槃後六百歲已，九十六種諸外道等，邪見競興，破滅佛法。有一比丘，名曰馬鳴，善說法要，降伏一切諸外道輩。

這就是說，釋迦牟尼佛涅槃之後，大約過了六百年，由於佛法日趨衰微，所以有九十六種外道興起。這些外道學說在社會上傳播各種錯誤見解，極大敗壞了佛法正見。這時候，馬鳴菩薩橫空出世，以各種善巧方便傳播佛法，破斥一切外道學說，降服一切外道邪眾，為佛法的正本清源和廣泛傳布作出了巨大貢獻。

什麼是九十六種外道？「外道」並不等於「邪惡」；而是說，相對於佛法的正信正見而言，這些外道學說是不正確的，如《大毗婆沙論・卷六十六》云：「信有因果，不愚因果，如是正見，九十六種外道所無。」

也就是說，佛法正道相信因果真實無虛，但是外道不相信。相傳古印度有九十六種外道，據《薩婆多毗尼毗婆沙．卷五》記載，九十六種外道都是從六師外道分出形成的：

六師者，一師十五種教，以授弟子，為教各異，弟子受行各成異見，如是一師出十五種異見。師則有法與弟子不同，師與弟子通為十六種。如是六師有九十六種。

什麼是「六師外道」呢？指的是六種外道，分別為富蘭那迦葉、末伽梨拘舍梨子、刪闍夜毗羅胝子、阿耆多翅舍欽婆羅、迦羅鳩馱迦旃延、尼揵陀若提子及其學說。這六種外道，每一種又有十五種觀點傳授弟子，合計九十種；每一種外道又各有一種弟子自學的觀點，所以共計九十六種外道。總體來說，九十六是個概數，比喻外道非常多，如《大涅槃經．卷十》等則說有九十五種外道。

外道與佛法正道的區別很明顯，因為外道犯了兩大類錯誤，一類主張「常見」，一類主張「斷見」。

「斷見」的理論比較簡單，即只相信物質世界的存在，或者說肉體的存在，不相信靈魂或神識的存在。因為不承認人有前生後世，所以也不相信三世因果輪迴，並認為人的思想感覺和功能是肉身的功能，人死神滅。天竺外道之一的順世論就堅持這種斷滅見。

「常見」的理論較為複雜。佛教主張眾生皆有佛性，真如佛性是不生不滅、不斷不常的；婆羅門教和耆那教等外道主張的「常見」則是，他們並不理解真如佛性的道理，反而把外在世界中的某一種事物當成恆常不變的永恆存在，例如把大自在天、大梵天等某位神祇執著為恆常不變，或者把「神我」或「梵我」執著為恆常不變，或者把意識心執著為恆常不變易，或者把地、水、火、風四大當中的某一大執著為恆常不變。

總之，常見外道所執之「常」，是錯把某種無常之事物執著為恆常不變，並非諸法之「實相」，是典型的錯認與謬見，故世尊時常予以破斥。

注重戒律及因果、破斥外道

馬鳴菩薩在諸多經論中談到了堅持佛道正法，破斥外道學說的內容。如《大莊嚴論．卷三》就談到了佛法注重持戒、注重因果，與九十五種外道截然不同的故事——

當時有一群比丘在野外經行，被一群盜賊搶劫，連衣裳也被搶走了。盜賊害怕比丘去告發他們，就想把比丘們都殺掉。其中一個盜賊曾經短暫出過家，就對同伴說：「不用殺害他們而犯下重罪。聽說比丘所持的戒律中有一條，就是不能傷害活著的青草；我們用青草把他們綁住，如果他們掙扎就一定會傷害青草，所以這些比丘不會掙扎，沒辦法告發我們的。」於是，盜賊們用青草綁住了這些比丘後走了。

比丘們沒有衣裳，又被青草綁住，不敢用力掙扎；結果，白天被火熱的太陽灼烤，晚上被蚊蟲跳蚤叮咬，深夜更有各種猛獸嚎叫，令人膽戰心驚。

比丘們正在苦不堪言的時候，一個老比丘說話了：

「我有一段佛陀所說的道理講給大家，希望你們好好記下來。人生很短暫，即使是天宮也會消毀，人命更是會亡故的。既然生命並不長久，為什麼要為了短暫的生命而破壞佛陀制定的戒律呢？你們應當知道，人身難得，佛法難聞，生起對佛法的信心更是難上加難。我們這一世能夠遇到佛法，真是最大的福報。這就好像是：一隻眼盲的烏龜，一百年才浮上水面一次；無邊海面上漂浮著一塊木頭，木頭中間有一個圓孔；烏龜浮上來時，牠的頭正好穿過木頭的圓孔——這種機率實在是太渺茫了！我們今世遇到佛法的機會就好像盲龜碰到圓孔的機率這麼小；既然如此，我們為什麼不珍惜時間按照佛道正法修行呢？佛道正法可不是九十五種外道的錯誤主張，那是能夠獲得解脫的唯一真理；因此，我們不能為了這脆弱的生命而不遵守佛教戒律，而要以此磨難為機會增加我們的修為。」

老比丘接著說了一首偈子：

若有智慧者，能堅持禁戒；
求人天涅槃，稱意而獲得。
名稱普聞知，一切咸供養；
必得人天樂，亦獲解脫果。
伊羅鉢龍王，以其毀禁戒，
掐傷樹葉故，命終墮龍中。
諸佛悉不記，彼得出龍時，

能堅持禁戒，斯事為甚難。
戒相極眾多，分別曉了難；
如劍林棘聚，處中多傷毀。
愚劣不堪任，護持如是戒。
我等往昔來，造作眾惡業；
或得生人道，竊盜淫他妻；
王法受刑戮，計算不能數。
復受地獄苦，如是亦難計。
或受畜生身，牛羊及雞犬，
獐鹿禽狩等，為他所殺害。
喪身無涯限，未曾有少利。
我等於今者，為護聖戒故；

分捨是微命，必獲大利益。
我等今危厄，必定捨軀命；
若當命終後，生天受快樂；
若毀犯禁戒，現在惡名聞；
為人所輕賤，命終墮惡道。
今當共立要，於此至沒命。
假使此日光，曝我身命乾；
我要持佛戒，終不中毀犯。
假使諸惡狩，摑裂我手足；
終不敢毀犯，釋師子禁戒。
我寧持戒死，不願犯禁生。

這首偈子的意思是，佛陀所說的各種戒律是必須遵守的，這是修行解脫的根本。昔年伊羅缽龍王就是故意破壞生草，並且不信因果，所以命終墮落為龍身。如果不信因果，不持戒律，將來就一定會墮落到三惡道，無法獲得自我解脫。佛法講究深信因果，嚴持戒律，和九十五種外道是截然不同的。既然佛法如此珍貴，那麼我們就要精進修行，就算是身敗骨裂，我們也要嚴持戒律。寧可守戒而死，不可破戒而生！

諸比丘聽了之後生起了對佛法的大信心，於是身心不動，默然處之。

這個時候，國王正好出來打獵。國王遠遠地看見他們。心裡想：「這群人紋絲不動，身上又不穿衣服，難道是尼揵的修行者？」尼揵是當時的六種外道之一，主張苦行，但不明白佛法中道修行的道理。國王派人去了解狀況；諸比丘因為身上沒有衣裳，感到羞愧，於是都不說話。這個人見到諸比丘的右肩被太陽晒得很黑，就回稟國王，這些人是佛教沙門比丘，不是尼揵外道；因為，比丘的穿著一般是偏袒右肩，所以右肩往往被太陽晒黑。國王聽說之後，前來一看，知道了諸比丘不動彈的原因，就覺得受持戒律太死板了，活人怎麼能被生草綁住呢？

國王於是說了一首偈子：

青草所繫手，猶如鸚鵡翅，
又如祠天羊，不動亦不搖。
雖知處危難，默住不傷草；
如林為火焚，犛牛為尾死。
身體極丁壯，無病似有力；
以何因緣故，草繫不動轉？
汝等豈不知，身自有力耶？
為咒所迷惑？為是苦行耶？
為自厭患身？願速說其意。

老比丘聽了之後，也說了一首偈子解釋為什麼要持戒的原因：

此草甚脆弱，頓絕亦不難；
但為佛世尊，金剛戒所縛；
守諸法禁故，不敢挽頓絕。
佛說諸草木，悉是鬼神村；
我等不敢違，是以不能絕。
如似咒場中，為蛇畫境界；
以神咒力故，毒蛇不能度；
牟尼尊畫界，我等不敢越。
我等雖護命，會歸於磨滅；
願以持戒死，終不犯戒生。
有德及無德，俱共捨壽命；

有德慧命存，並復有名稱；
無德喪慧命，亦復失名譽。
我等諸沙門，以持戒為力；
持戒為良田，能生諸功德；
生天之梯蹬，名稱之種子，
得聖之橋津，諸利之首目。
誰有智慧者，欲壞戒德瓶。

老比丘的意思是說：佛教講究三世因果輪迴，要想脫離苦海，持戒是根基；否則，為了保全生命而破壞戒律，下一世只會落到惡道中。不壞生草看似是小事，實際上關係甚大；只有深信因果，嚴持戒律，才是脫離苦海，獲得大福報、大解脫的正道。這是釋迦牟尼佛傳下來的正道，我們誓要遵守！

國王聽了之後心裡非常歡喜，馬上為比丘們解開了生草的束縛，並且又說了一首偈子，表達自己願意皈依佛陀的願望：

善哉能堅持，釋師子所說；
寧捨己身命，護法不毀犯。
我今亦歸命，如是顯大法；
歸依離熱惱，牟尼解脫尊；
堅持禁戒者，我今亦歸命。

這則故事影響深遠，如《梵網經》中便云：「若佛子，護持禁戒，行住坐臥，日夜六時，讀誦是戒。猶如金剛，如持浮囊，欲渡大海，如草繫比丘。」《涅槃經》中也道：「寧捨身命，不毀禁戒，如草繫比丘。」其中的「草繫比丘」就是《大莊嚴論》中這則故事的持戒比丘。

《大莊嚴論》中共有九十則故事來宣揚佛法，這些故事都流傳深廣。可以說，馬鳴菩薩通過故事、詩歌、戲劇等民眾喜聞樂見的通俗方式，把佛法正道表現出來，對佛法的傳布產生極好效果。其中很多故事雖然不一定是馬鳴菩薩的原創，但是馬鳴菩薩運用高超的文學、音樂技巧將其生動表現出來，對民眾的感染非常深刻，對當代和後世都產生了深遠影響。

降伏魔眾

馬鳴菩薩不僅以佛道正法破斥外道學說，引導外道皈依佛門，而且還能夠降服魔怪（註一），使外道魔眾也皈依佛法。

有一次，馬鳴菩薩在華氏城為徒眾講經時，忽然來了一個白髮老人。老人逕直走到法壇前面，忽然撲倒在地不見了！徒眾都很驚訝，馬鳴菩薩說：「這只是異常現象而已，不用驚慌。」話音剛落，地下忽然有一個全身金色的人湧現出來，合掌向馬鳴菩薩行禮。一轉眼間，這個金人又變化成一個女子，右手指著馬鳴菩薩說：「稽首長老尊，當受如來記，今於此地上，宣通第一義。」這四句話之意為，馬鳴菩薩將受佛祖如來的授記，在當今世上宣說佛法的第一真諦。女子說完之後，忽然就不見了。

馬鳴菩薩淡然說道：「將有魔來。」不久後，天色忽然變得昏暗起來，狂風呼嘯，大雨傾盆而至。天空忽地一聲雷響，一條巨大的金龍從烏雲中飛舞而來，張牙舞爪，十分威武。

法壇下聽經的徒眾頓時嚇得驚慌失色。那條金龍在馬鳴菩薩頭頂的天空上飛舞盤旋，大雨也越下越大。聽經的徒眾已經驚慌失措，附近的民眾更是嚇得四處亂竄；居民都門窗緊閉，龜縮在屋裡不敢動彈。

然而，馬鳴菩薩在法壇上端身正坐，臉色安詳，似乎什麼事情都沒有發生。過得片刻，金龍消失了，風雨也停了，天空重見晴朗。馬鳴菩薩對徒眾說：「這是一個魔，以後還要來與我鬥法的，大家要小心。」

馬鳴菩薩繼續講經說法。到了第七天的時候，馬鳴菩薩忽然用右手拾起地上的一隻小蟲，笑著對蟲子說：「你又來了。」徒眾看到這種情況，一時間覺得莫名其妙，不知道什麼意思。馬鳴菩薩就對徒眾說：「這隻小蟲就是那個魔。他先變為金人、金龍與我鬥法，現在又變為小蟲在這裡偷聽我說法。」

徒眾聽了，都說應該懲罰魔怪。馬鳴菩薩對小蟲說：「我不傷害你，可以放你回去；如果你想誠心皈依三寶，我也可以為你說法。」那蟲子馬上現了人形，向馬鳴菩薩行禮，表示懺悔，願意皈依佛門。

馬鳴菩薩問魔怪：「你叫什麼名字？手下有多少眷屬？」

魔怪自稱「迦毗摩羅」，有三千眷屬。

馬鳴菩薩便讓迦毗摩羅和他的三千眷屬來聽法。

原來，迦毗摩羅也修行多年，學到了一些神通手段，所以自視甚高。後來，他聽說著名的馬鳴菩薩來這裡講法，心裡很不服氣，就起了鬥法的心思；結果被馬鳴菩薩一一識破，於是十分恭敬地想出家學佛。

馬鳴菩薩見迦毗摩羅頗有善根，就問他：「你修行多年，有什麼神通變化沒有？」

迦毗摩羅回答說：「我可以變化成為汪洋大海，很輕易就能做到。」

馬鳴菩薩又問：「那你可以變化為『性海』嗎？」

迦毗摩羅問：「什麼是性海？我從來沒有聽說過。」

馬鳴菩薩就對摩羅解釋什麼是佛性之海：「山河大地，都是依照佛性大海變化出來的；各種神通，也是由佛性大海變現出來的。佛性是眾生都具有的不生不滅、不常不斷的根本，它深廣無邊，所以叫性海。」

迦毗摩羅聽了之後有所感悟，也生出了修行佛法的大信心，於是和他的三千眷屬一起皈依佛門。

馬鳴菩薩於是召集五百羅漢為摩羅及其三千眷屬剃度，並給他們授了具足戒。最後，馬鳴菩薩叮囑迦毗摩羅說：「佛法真諦如今已經傳授給你了，希望你以後精進修行，弘揚正法。現在，我為你說一首偈言：

隱顯即本法，明暗元不二；今付悟了法，非取亦非離。」

這首偈子的意思是說，修行佛法、了悟佛性要把握諸法實相，不管世間萬物發生隱顯、明暗、生滅等等各種變化，都要透過這些表象的變化來領悟不生不滅的佛性。

迦毗摩羅及其眷屬再三拜謝而去。

因為馬鳴降服了魔怪，所以人們又稱他為「伏魔羅漢」。

弟子迦毗摩羅

迦毗摩羅皈依佛門後，精進修行，大徹大悟，後來廣宣佛法，被後人尊為西天禪宗十三祖（馬鳴菩薩為十二祖）。

後世也有其他的傳聞：迦毗摩羅是摩揭陀國華氏城人，原本是一個不信佛法的外道，精通外道各種理論，而且有著神通變化，並有三千弟子跟隨。後來遇到馬鳴菩薩來華氏城講經，在神通變化以及辯論中被馬鳴菩薩折服，於是和三千弟子一起皈依佛門。

迦毗摩羅悟道之後四處傳法。有一天，他到了西天竺，西天竺的太子非常敬仰他，就邀請他到王宮裡面居住。迦毗摩羅說：「佛祖有教訓，佛門弟子不能居住于國王、權貴之家。」太子就說：「在我國都城的北面有座大山，山中有一石窟，尊者您可以居住在那裡以方便傳法，這樣可以嗎？」迦毗摩羅說：「行。」於是他就獨自往山中行去。

迦毗摩羅在大山中走了幾里路之後，在路邊遇到了一條白色大蟒蛇，看起來非常嚇人；但是，迦毗摩羅就像沒看到這條大蟒蛇一樣，繼續向前走，大蟒蛇卻一直跟著他。迦毗摩羅休息的時候，大蟒蛇就在他腳下盤成一圈，甚至把他整個人都圍繞起來。迦毗摩羅默默觀照，知道了蟒蛇的心思，於是對大蟒蛇做三皈依的儀軌，大蟒蛇隨後便緩緩離去。「三皈依」的內容是皈依佛、皈依法、皈依僧，是皈依佛門的基本儀式。

迦毗摩羅尊者繼續向山上走，快到石窟的時候，看到一個穿著白衣的老人從石窟裡面出來，並向他合掌問訊。尊者問：「老丈您住在哪裡？難道就住在這石窟之中？」老人恭敬回答說：「我正是住在這裡。我前世也是出家比丘，喜好安靜，不喜歡與人交往。有一個初學的比丘多次來向我請教佛法，我心中煩惱，不願意為他講解；結果，因為這一念煩惱瞋心，命終之時墮落為蟒蛇之身，住在這石窟之中，已經有上千年了。今天幸好遇到尊者，能夠令我重新皈依佛門，所以特來感謝您，這石窟也讓給您作為修行居住的地方。」

在佛教的三世六道輪迴教義中，如果一個人瞋恨心太重，下一世往往會轉變為蟒蛇之身。《雜譬喻經》就記載了這樣一個故事：以前有位阿耆達王，一生奉行佛法，堅持五戒。臨終時，用拂塵驅趕蠅蟲的侍從，因為時間久了而昏沉疲倦，拂塵不小心掉到國王臉上，國王因此生出瞋恚心；正因為臨終的一個瞋念，阿耆達王轉世成為蟒蛇。但是，畢竟他有宿世福報，所以他還知道自己變成蟒蛇的原因；於是就求沙門比丘為他說三皈五戒，然後藉此功德脫離蟒身、轉生天道。

聽了白衣老人的話，迦毗摩羅尊者便在此居住下來，不時應太子之邀去城中講經說法。某天，尊者自知傳法因緣已至，於是問白衣老人：「山裡還有其他人居住嗎？」老人回答：「從這裡往北去大約十里路，有一片茂盛的樹林，天氣炎熱時經常有五百條龍在樹林裡乘涼。這些樹也是有靈性的，其中最大的那棵樹是樹王，名為龍樹；我曾聽說，龍樹常現化人形為五百條龍說法。」

於是，尊者又往北走了十里路，果然見到了一片森林，森林裡有五百條龍歇息。這時，一個長相古雅的中年人從林子中走出來，對尊者說：「在下名叫龍樹。這深山老林之中，怎能感得您這樣一位高僧大德前來呢？」尊者說：「我不是高僧大德，只是隨意過來走訪賢者。」龍樹聽了，心裡想：「這位比丘真的有修為嗎？是不是得到了佛法真傳？我也聽聞善法很長時間了，可惜一直沒有遇到明師，不知道這位尊者是不是聖者？」

迦毗摩羅尊者笑著說：「你心裡所想的我都知道了。你只需要考慮是否皈依佛門、是否出家修行就夠了，不需要考慮我是不是聖者。」龍樹聽了之後，心生慚愧之心，知道尊者的確是一位聖者，於是請求皈依佛門。迦毗摩羅尊者於是為龍樹和五百龍眾一起授具足戒。

正如當年馬鳴菩薩對他的叮囑一樣，迦毗摩羅也對龍樹叮囑說：

「佛祖傳下的佛法真諦，我現在傳授給你。還有一首偈子你需牢記：

非隱非顯法，說是真實際；悟此隱顯法，非愚亦非智。」

這首偈子的意思是，讓龍樹透過隱顯對立的表象世界去領悟佛法的真實。

傳法完成之後，迦毗摩羅尊者說：「我離去之後，你當好生弘揚正法。」說完，身上忽然冒出火光，三昧真火很快地將尊者全身籠罩起來；龍樹知道這是尊者涅槃徵象，於是拜倒相送。火化之後，龍樹在尊者遺骸中收集到諸多五色舍利子，便建了佛塔供養。

後人以詩偈頌揚

對於馬鳴菩薩度化眾生的功德，多有高僧大德為之傳頌。例如，元代楚石梵琦禪師（西元一二九六至一三七〇年）寫了一首〈馬鳴大士贊〉：

不識方為識佛身，前身了了是蠶身；

大心自足收龍藏，深願何妨度馬人。

毗舍離王名不朽，波羅奈國化方新；

有無作者功殊勝，到處隨機轉法輪。

這首詩的大意是說，無論是前世的春蠶吐絲，還是今生感動馬兒悲鳴和收服魔眾，這些都是馬鳴菩薩的功德事蹟。馬鳴菩薩一生弘揚佛法，足跡遍至天竺和南海各地，並且根據各地的風土人情等因緣，採用各種善巧方便來度化眾生，這的確是法身大士才具有的大德啊！

楚石梵琦禪師，俗姓朱，字楚石，浙江象山人。九歲出家於海鹽縣天寧永祚禪寺，後來成為宋代高僧大慧宗杲禪師的五傳弟子，是禪宗南嶽懷讓門下的第二十四世傳人。元順帝至正七年（西元一三四七年），梵琦禪師被欽賜為「佛日普照慧辯禪師」。明洪武元年（西元一三六八年），梵琦禪師作大法會於江南蔣山禪寺，升座說法，轟動一時；後被尊為「明初第一流宗師」。其著述有《楚石梵琦禪師語錄》、《淨土詩》、〈慈氏上生偈〉、〈北遊鳳山西齋〉等。

明代憨山德清大師述作《八十八祖傳贊》，宣說禪宗歷代祖師之簡傳與贊詞，其中亦以贊偈稱頌馬鳴菩薩：

馬之悲鳴，固自有因；
地湧女子，元非其人。
魔本非魔，佛亦非佛；
正眼看來，竟是何物？

這首詩的大意是說，馬兒發出悲鳴之聲是有緣故的——是因為馬鳴菩薩的佛法感召；魔怪化為女子從地下現身，這也是有因緣的——因為魔怪想與馬鳴菩薩門法。從佛性本身來說，魔、佛都是表象，都是佛性的顯現；如果有正確的知見，就知道山河大地、魔、佛、眾生都與佛性須臾不可分。

憨山德清大師（西元一五四六至一六二三年），法名德清，號憨山，金陵（今南京）蔡氏子。終至於曹溪寶林，焚香沐浴，無疾端坐而脫，享年七十有八。

大師一生顛沛，仍度生不懈。他為保護寺產而官司纏身、籌錢還債以修復寺院；蒙冤入獄、杖刑拷問、被迫還俗、流放充軍……一般百姓會遇到之屈辱橫逆，他都嘗遍、嘗盡。他還戮力賑災、舉辦法會、重整寺院、中興曹溪祖庭；禪定甚深、著作等身、說法不輟；凡是出家僧侶度化眾生之事，他皆盡力做好、做滿……這就是「明末四大高僧」之一的憨山德清大師之高僧風範！

明末清初即非如一禪師（西元一六一六至一六七一年）也寫了一首偈子稱

頌馬鳴菩薩：

覿面是佛，尚自不識；
言下悟去，信汝不及。
前因化蠶，功無等匹；
感化摩羅，三千入室。
明暗不二，法非離即。
相現日輪，騰空而寂。

這首偈子的大意是說，馬鳴菩薩度化眾生無數，前世化作無數春蠶吐絲結衣，這一世又感化摩羅及其三千眷屬，造下了無量功德。佛法真諦不是一般人能夠理解的，要想領悟佛法，就需要從各種分別對立的表象中超脫出來。馬鳴菩薩度化眾生的因緣了結之後，涅槃時身後出現了太陽一般的燦爛光輝，猶如大日臨空一般，馬鳴菩薩便在此光輝中安詳示寂。

即非如一禪師，俗姓林，名如一，字即非，福建省福清縣人，明末福清黃檗山萬福寺禪僧。即非如一禪師不僅在中國傳播佛法，是禪宗之臨濟宗三十二代高僧，而且還東渡日本傳法。明崇禎九年（西元一六三六年），高僧隱元隆琦禪師來黃檗山，中興黃檗之道。後來，隱元禪師應日本僧人的邀請，於南明永曆八年（西元一六五四年）東渡，在日本京都建黃檗山萬佛寺，成為日本黃檗宗之祖。即非如一隨後不久應隱元之邀東渡日本，成為隱元隆琦禪師的重要弟子，其後一直在日本傳播佛法。西元一六七一年示寂於日本長崎崇福寺。

【註釋】

註一：佛教所說的「魔」是什麼？魔就是「魔羅」（或摩羅，梵文 māra 的音譯）的簡稱，有殺者、能奪命者、障礙修行者等意思。魔羅的說法可能源自於古印度神話中的閻摩。依古老的《梨俱吠陀》詩歌集的記載，閻摩是住在天界的死神，除了殺人奪命之外，他還會障礙修行人，阻止修行人取得成就。魔羅（摩羅）也被稱為波旬。魔王波旬就曾經障礙佛陀成佛、成道。

從種類來說，魔有很多種；但從佛法修行的角度來說，所有的魔可以分為兩種，一種是內魔，一種是外魔。所謂內魔，主要指人心中的種種煩惱妄想；由於這些煩惱妄想是修道的大障礙，所以將其比喻為魔。所謂外魔，指的是一切眾生身外的魔，比如摩羅或波旬就是外魔。外魔雖然能夠障礙修道人，但外魔的阻礙只是外在因緣；只有當修行者內心裡也有煩惱妄想，內外感應，才能被外魔影響。如果修行者內心清淨無染，那麼外魔也就無可奈何了。佛陀不被魔王波旬影響就是這個原因，馬鳴菩薩不被摩羅影響也是如此。

明代儒者王陽明曾說：「破山中賊易，破心中賊難」，也有更重視內魔的意思。王陽明曾經帶兵剿匪、平定寧王之亂，但是他也感慨：「打敗山中的匪徒容易，破除心中的煩惱妄想才是千難萬難。」一個消除了內魔的修行者自然可以得到大成就，不會被外魔影響。從王陽明的心學思想來看，他顯然受到了禪宗思想的深刻影響，可惜並沒有走上出世修行之路；他儘管有所體悟，但還是被紅塵牽絆。

既然魔是惡的，佛陀為什麼不消滅魔？

佛教與其他宗教不一樣。其他宗教信仰的往往是全能的主宰；但是，這種「全能」會引來一個詰難：全能的神為什麼允許罪惡的發生？為什麼不徹底消滅魔鬼？

創立佛教的佛陀是智慧真理的傳播者，教導大眾通過修行獲得至高智慧而自我解脫。由於佛教是智慧的宗教而不是迷信的宗教，所以對於「佛陀為什麼不消滅魔」這類問題的回答不是迷信的，而是智慧的、合理的。

在佛法看來，眾生皆有佛性，皆可成佛；魔也有佛性，也可以成佛。任何眾生（包括魔）只要依照佛法修行，就一定可以成佛。既然魔怪也有佛性，大慈大悲的佛陀怎麼可能消滅魔呢？而且，佛性不生不滅、不常不斷，又怎麼可能被外力消滅？

不過，如果眾生（包括魔）不願意修行佛法，就沒有辦法自我解脫了。這也是「天雨雖寬，不潤無根之苗；佛法雖廣，不度無緣之人」的意思。可見，佛教實際上是真理的教育，是指引眾生領悟解脫大道的般若智慧；就這點而言，佛教和一般的宗教信仰並不相同。

據說，釋迦牟尼佛還未成道時曾在菩提樹下打坐。天上的魔王波旬得知佛陀即將成道，為了阻止佛陀成道證果，便帶了八十億魔軍前來擾亂佛陀。但是，魔軍到達菩提樹下後，卻始終不能近身，無法干擾佛陀的修行。

佛陀對波旬說：「我觀看你的前世，因為你曾經受過一日一夜的八關齋戒，還給一位修行佛法有成的辟支佛布施了一鉢食物，所以今生才獲得了升天的果報。但是你沒有正知正見，煩惱習氣也很重，喜歡障礙他人修行，所以成了大魔王。」

佛陀並沒有感化波旬皈依佛門，因為一切都有因緣；波旬被感化的因緣不在佛陀這裡，而在他的兒子那裡——這也是佛教與其他宗教不同的地方。魔王波旬之子為商主太子。據《大悲經．商主品》記載——

佛陀對波旬說：「你有一個兒子叫商主，是虔誠的佛弟子，將來他修行有成，會成為辟支佛。你現在雖然是魔王，將來命終之時卻會直接墮入地獄受苦；不過，由於你兒子的緣故，終會解脫。」

波旬聽了當然不相信。不過，後來他果然在命終後墮落到地獄受苦，他的兒子就到地獄為他說法。經過長期勸說，波旬終於獲得了正知正見，沉痛懺悔後從地獄超脫出來，並上升到忉利天得以繼續修行。

佛法認為「萬法因緣生」，如果沒有因緣，就算是佛陀也不能度化魔怪。

不過，這並不會降低我們對佛陀的崇敬，反而讓我們更加深刻地理解佛教作為智慧宗教的本質。

第六章　參與結集興盛事

祖師馬鳴菩薩，廣釋經造論，末後唯制一卷略論，名《大乘起信論》。云：有摩訶衍，能起大乘信根；立心真如、心生滅二門，總論一心，別開體用。

釋迦牟尼生前傳道的時候，自己或弟子都沒有把所講的內容寫下來；因此，佛陀涅槃之後，弟子們就開始藉由所有人的記憶，將佛陀所講過的教示都記載下來，這就是「結集」。簡單地說，結集就是把佛陀傳下來的開示，透過弟子們集合誦讀的方式，經大眾審定認可後，將這些記載編輯成書，成為佛教經典。

隨著時代的變化，在佛陀涅槃後的數百年間，佛教理論在流傳的過程中產生了各種爭論；因此，過了一段時間之後，佛弟子便尋求機會重新進行結集，以保持佛法的純正。

佛陀教法的前三次結集

在佛教傳播的歷史上，主要有四次結集，馬鳴菩薩參與的是第四次結集。

第一次結集發生在佛陀剛入滅之後。當時徒眾都非常悲傷，跋難陀卻歡喜地說：「佛陀他老人家在世的時候給我們規定了很多戒律，這也不能做，那也不能幹。現在佛陀終於走了，我們也脫離了這種束縛，可以無拘無束、任意妄為了，大家何必這樣傷心？」

摩訶迦葉尊者聽了，既驚愕又傷心。驚愕的是，佛陀剛離開世間，就有比丘不願意遵守佛陀的教誨；傷心的是，這種情況恐怕不是個別現象，隨著佛陀離開世間的時間越長，這種不持戒律的比丘只怕會越來越多，佛陀傳下來的正法就會被這些人破壞了！

於是，在佛陀涅槃後的第一個雨安居期，摩訶迦葉集合五百位大阿羅漢比丘，由摩揭陀國的阿闍世王護持，於王舍城郊外的七葉窟內進行結集。雨安居期是指每年大約七月到十月的雨季，農事不多，所以往往成為信眾和僧人修學、拜佛的時期。

結集之時，由大迦葉主持，「經藏」由阿難誦出，「律藏」則由「持戒第一」的優婆離（Upāli）分八十次誦出，稱為《八十誦律》，此律成為最初的根本律藏，後來演化出《四分律》、《五分律》等律本。另據《五分律》及《大唐西域記》等記載，第一次結集有富樓那等數千人，相對於大迦葉等在七葉窟內的「窟內結集」，富樓那等的結集為「窟外結集」。總的來說，佛教史上第一次的結集，對後世意義重大，影響深遠。

第二次結集發生在佛陀入滅百年前後。當時，來自西方的長老比丘耶舍（Yasa）巡化至東方毗舍離（Vaiśālī），見跋耆族比丘收受信徒的金銀供養，他認為有違戒律，雙方遂起爭執。由這一爭端開始，東西方比丘集結七百人對於佛教戒律進行辯論。

這次爭論的主要內容，涉及跋耆族比丘所提的十項新主張是否合乎佛法——

一是「鹽淨」：可以將鹽等調味料貯存在角器內備用。

二是「二指淨」：當日晷之影自日中推移至二指寬間，還可以吃飯；而佛教所說的「過午不食」，則是過了正午就不再吃飯。

三是「聚落間淨」：在一處聚落吃飯後，還可以到其他聚落吃飯。

四是「住處淨」：同界內的比丘可以隨意到其他地方聚會居住。

五是「隨意淨」：決議時如果比丘沒有到齊也可以先行舉行，事後承諾即可。

六是「所習淨」：可以遵循先例。

七是「生和合淨」：吃飽之後還可以喝未經攪拌去脂的牛乳。

八是「水淨」：可以飲用未發酵的椰子汁。

九是「無緣坐具淨」：縫製不用貼邊、大小隨意的坐具。

十是「金銀淨」：可以接受金銀並儲蓄起來。

東西方比丘的雙方九位代表審查後，一致評斷上述十事違反佛陀的規定，不合律制，稱為「十事非法」，大會由此重新審定律藏。不過，據南傳《島王統史》記載，東方跋耆族比丘因這次結集會議失敗後，心存不平，所以在大會結束後不久另外聚集一萬比丘進行結集，獨自訂定律制的內容。佛教僧團因此分裂為傾向嚴謹保守的西方「上座部」（梵語 sthaviravāda），和傾向隨緣開放的東方「大眾部」（梵語 Mahāsāmghika）兩大派別。從此，佛教正式進入部派時期。

第三次結集發生在佛陀入滅兩百多年間。因阿育王（Aśoka Maurya，約西元前三〇三至二三二年）奉佛敬僧，引起多達六萬人外道來附佛，並混跡在僧團中破法亂教，這就是著名的「賊住比丘」事件。由於外道從佛教內部對佛法予以破壞，使得僧團七年間無法舉行正常佛事。

阿育王為了消除這一亂象，就請高僧目犍連子帝須（Tissa Moggaliputta）共商對策。最後，阿育王將禍亂佛法的外道沙門擯棄出佛門，並遴選精通三藏的一千名比丘，以目犍連子帝須為上首，於華氏城（Pāṭaliputra，又譯為巴連弗邑、波吒釐城）舉行第三次結集。

目犍連子帝須將各部派對佛法的詮釋異議都彙集起來，由大眾討論，並加以批判，論決正義，最終將之編撰集成《論事》（巴利語 Kathāvatthu）一書。《論事》一書對於教法的不同解釋進行了具體評判，澄清疑義，匡扶正法，為佛法傳播以及後世研究部派佛教提供了重要典籍。

結集後，阿育王敕令目犍連子帝須選派一批優秀的僧伽向外傳法，足跡遠至恆河流域以外的地區以及印度境外各國。

佛陀教法的第四次結集

第四次結集發生在佛陀入滅後四百年間。據《大唐西域記》記載，第四次結集發生在迦膩色迦王治世時期。當時隨著佛陀入滅時間已久，流傳到天竺各地的佛法產生了各種差異，迦膩色迦王支持的結集就是為了解決各地佛法之間的分歧而產生的。

迦膩色迦王在迦濕彌羅（Kāśmīra，今喀什米爾）集合五百位高僧，推舉世友（Vasumitra，音譯婆須蜜多、和須蜜多）為上首，在脅尊者主持下重新整理、解釋三藏經典。馬鳴菩薩擅長文學，主要負責文字的修訂。這次結集首造十萬頌《優婆提舍論》注釋經藏，次作十萬頌《毗奈耶毗婆沙論》注釋律藏，後造十萬頌《阿毗達磨毗婆沙論》注釋論藏，共計三十萬頌，九百六十萬言。自此，三藏教義周備無缺。

迦膩色迦王以赤銅為牒，鏤刻梵文筆錄，以石函封緘，建塔珍藏；另以抄本遠送各地，廣宣流布。此後大乘經典多用梵語，即源於此次結集。在迦膩色迦王的支持下，佛教的影響繼阿育王之後再一次擴大化，貴霜帝國也成為佛教中心。

第四次結集的具體經過是這樣的——

馬鳴菩薩度化迦膩色迦王之後，迦膩色迦王不僅廣宣佛法，而且四處邀請高僧來王城講法。不過，國王聽到了很多高僧講法之後遇到了一個問題：各地高僧所講的佛法內容各有差異，甚至有相互衝突的地方；這使得國王很困惑，不知道聽誰的好。

馬鳴菩薩當時比較年輕，雖然在大眾之中有著頗高聲譽，但是在佛教的資歷尚淺，威望尚不足；所以，馬鳴菩薩就向國王建議，向脅尊者請教這個問題的解方。

迦膩色迦王於是邀請脅尊者來講法，並就這個問題向脅尊者請教。

迦膩色迦王問脅尊者：「長老，我延請了多位高僧來講經說法；但是，同一部經，不同的高僧解釋便有差異。這究竟是怎麼回事呢？難道佛陀傳下來的佛法有多種解釋嗎？」

脅尊者回答：「佛法真諦只有一種，不會有多種解釋。佛陀在世的時候，講經說法當然沒有歧義；但是，佛陀涅槃後的時間太久了，距今已經數百年，所以佛法在流傳過程中就出現了各種歧義。尤其，佛教在發展的過程中出現了不同的部派，每一派都執著於自己的師承，因此對經典教義的看法各不相同，甚至會出現相互矛盾的地方。」

迦膩色迦王聽了之後心中不禁有些傷感，又問：「面對這些分歧，修學佛法的人難以取捨，怎麼解決這些歧義紛爭呢？」

脅尊者問：「陛下應該聽說過阿育王主持的佛教結集吧？」

迦膩色迦王一聽即恍然大悟：「原來如此！」

前文提及的阿育王，是印度孔雀王朝的皇帝，統治幾乎所有的印度次大陸，被視為印度最偉大的皇帝。阿育王將佛教定為國教，廣修寺廟，召集四方僧人編撰、完善和整理了許多佛經，佛教得到長足發展，這段時間可說是印度佛教發展的黃金時期。

阿育王還將他的詔令和「正法」的精神刻在崖壁和石柱上，成為著名的阿育王摩崖法敕和阿育王石柱法敕。這些「正法」的內容體現了佛教的基本精神。阿育王並興建共八萬四千座奉祀佛骨的佛舍利塔。為了消除佛教不同教派的爭議，阿育王主持了佛教史上第三次大結集，驅除了外道，整理經典，編撰了《論事》。阿育王還向邊陲地區和周邊國家，派遣了包括王子和公主在內的佛教使團以傳播佛教，斯里蘭卡、緬甸、甚至敘利亞、埃及等地都有他們辛勤傳法的足跡，這也是佛教走出印度、邁向世界性宗教的開始。

這時，脅尊者忽然站起身來向迦膩色迦王行了一禮，肅然問道：「不知陛下您願意效仿阿育王嗎？」

迦膩色迦王也嚴肅地回了一禮，慨然說道：「雖然距離佛陀的時代已經十分遙遠，但能夠聽聞佛法，我已感到十分幸運。本人粗鄙平庸，但願能夠效仿阿育王，讓佛法再度興盛起來！」

脅尊者高興地說：「陛下能有此心，不妨召集各位大德比丘，進行佛教結集。」

迦膩色迦王欣然答應：「一切如長老所說。不過進行結集，事關重大，還望長老予以主持。」

脅尊者說：「我雖然年老，但能夠參與這次結集，也是三生有幸，一定鞠躬盡瘁，全力以赴。」

迦膩色迦王說：「那就請長老為上座，邀請各地高僧前來。」

脅尊者搖頭說：「我年紀已老，去延請各地高僧就已經力不從心了，擔任上座並不適合。世友尊者正當盛年，如日中天，他來擔任上座是最合適的。」

世友尊者曾作《阿毗達磨品類足論》十八卷，又名《說一切有部品類足論》。世友尊者與大德法救、尊者覺天、尊者妙音被尊為佛教說一切有部的四大論師。

迦膩色迦王遵從脅尊者所說，延請世友尊者為上座，並集合五百位高僧，由脅尊者主持，在迦濕彌羅建立伽藍寺院，開始進行佛教結集。馬鳴菩薩雖然年紀尚輕，但文學功底很好，於是被賦予文字修訂的重要工作。

第四次結集的成果

佛法在傳播過程中為什麼會出現各種分歧？

正如脅尊者所說，佛陀入滅之後，隨著時代變遷，對佛法的各種解釋也逐漸產生了分歧。脅尊者對產生分歧的原因解釋得非常好；不過，我們從佛教與世界上其他宗教的比較來看，也能夠對產生分歧的原因加以解釋，也更加體會到佛教的本質是智慧宗教。

佛陀說法，為什麼產生這麼多經典？我們耳熟能詳的就有《阿含經》、《楞伽經》、《金剛經》、《心經》、《華嚴經》、《法華經》、《般若經》、《楞嚴經》、《阿彌陀經》、《地藏經》、《佛遺教經》等。

因為，眾生有各種心智與性情，如佛陀所說眾生有「八萬四千煩惱」；想讓有著八萬四千種煩惱的眾生都能夠開智慧，就必然需要針對不同眾生的八萬四千法門。這就是佛陀說法四十九年，所說佛法浩如煙海的根本原因。般若智慧的獲得無比艱難，所以度化眾生是天上地下第一大事，也是第一難事。

也正是因此佛法深廣如大海，所以在傳播過程中必然會因為地域不同、傳法者境界不同而產生各種分歧，也正因為如此，才有佛教的四次結集。而且，在佛教結集和佛法傳播的過程中，也會產生判斷佛法的一些根本原則，這些原則有助於保持佛法的純粹。例如，《雜阿含經》中所說的「三法印」，即「諸行無常，諸法無我，涅槃寂靜」（或加一「諸漏皆苦」成四法印），一切佛法的根本精神都必須符合這「三法印」；還有《大般涅槃經》中所說的「四依法」，即「依法不依人」、「依智不依識」、「依義不依語」、「依了義經不依不了義經」。

佛教發展史上的四次結集，其目的都是一樣的，就是根據「三法印」、「四依法」等根本原則，由公認的佛教高僧對流傳至今的各種佛教理論加以討論評判，澄清疑義，謹守正法，從而使佛教經典符合佛陀教法真義。

在迦濕彌羅的伽藍寺院，脅尊者、世友尊者、馬鳴菩薩等五百高僧雲集，對目前可見的所有佛教經典進行討論評判。年輕的馬鳴菩薩第一次與來自世界各地最頂尖的高僧大德在一起，很多高僧的年紀都比他大得多；因此，即使辯才無礙的他也覺得非常激動。在這次長達數年的結集中，馬鳴菩薩虛心學習，勤於修訂，佛法修為得到了極大提升。

參與結集的五百高僧懷著神聖的情感，以極大的熱情投入對各部派佛典的討論審定之中。由於距離阿育王結集的時間又過了兩百年，所以佛教各部派之間的佛法詮釋產生了諸多分歧。這些分歧是否符合佛法真義？是否能夠以「三法印」或「四依法」等根本原則加以審定？如何甄別部派佛法中的正誤之別？如何將那些隨緣方便的佛經解釋與佛法真諦統一起來？這些問題都需要一絲不苟地回答清楚，不能有一絲一毫的模糊。

按照宗義不同的劃分，佛法一共分為三乘四宗：「三乘」指的是聲聞乘、緣覺乘、菩薩乘，「四宗」指的是小乘說一切有部、小乘經量部、大乘唯識宗、大乘中觀宗。

「聲聞乘」是指，聽聞佛陀說法而悟道。「緣覺乘」則是，雖然沒有聽聞佛陀傳法，但是獨自觀察因緣生滅而悟道，也叫辟支佛乘、獨覺乘。「菩薩乘」則為廣度眾生的大乘修行，也叫如來乘。

「小乘說一切有部」的核心主張是，外境恆有，法性恆常。「小乘經量部」的核心主張是，在佛法三藏中應以經而不以律、論為正量或正確的認識根據；其與小乘說一切有部在外境恆有的看法上有分歧。

「大乘唯識宗」的核心主張是，將眾生心分為八識，並提出了轉識成智的說法。「大乘中觀宗」的核心主張是「緣起性空」，認為妙有的真空與外緣是不即不離的中道關係。中觀宗的創立者是龍樹菩薩，龍樹是迦毗摩羅的弟子，迦毗摩羅是馬鳴菩薩的弟子。

當時，佛教第四次結集面臨的主要問題是，小乘佛教十八個部派所說的教義各有分歧，而大乘佛法的思想也已經開始傳播，且在一些教義上與小乘佛教頗有差異；在當時小乘佛教向大乘佛教流行轉化的過程中，各種歧義更是不可勝數。因此，面對汗牛充棟的各種佛法部派經論，包括脅尊者、世友尊者、馬鳴菩薩在內的五百高僧，夜以繼日地對其加以甄別，遇到不同意見的地方還要反覆討論，以取得公認的一致性意見。

經過數年的艱苦工作，這次結集終於取得了巨大成果。對於佛教經、律、論三藏，五百高僧都給予了全面審定。最後，根據審定的一致性結果，高僧們首先作了十萬頌的《優婆提舍論》注釋經藏，即對佛經作了權威解釋，以防止佛經傳播中可能出現的各種異議。其次，作了十萬頌《毗奈耶毗婆沙論》注釋律藏，即對佛陀所傳戒律作了權威解釋，以防止戒律理解上的各種歧義。最後作了十萬頌《阿毗達磨毗婆沙論》注釋論藏，即對歷代高僧大德所作的佛經論述作了權威解釋，以澄清疑義，防止誤讀。三十萬頌共計九百六十萬言，這的確是佛典巨著。

後來，玄奘法師西行取經回國，將諸多經論翻譯成漢文，僅僅《阿毗達磨毗婆沙論》的漢文譯本就達到兩百卷之多。

結集結束了部派佛教或大小乘佛教之間的長期紛爭。與會高僧一致認為，佛教十八個部派講說的都是佛陀的教義，只是因為針對不同根器和不同因緣，而施設傳播了深淺不同的法門。通過這次對經、律、論三藏的重新註釋，各部派間數百年的紛爭終於結束。

結集圓滿之後，迦膩色迦王以銅板為書頁，在上面雕刻梵文佛典，然後將其封裝在石函中，並放在高大的佛塔中加以保存，防止因為戰火、自然災害等意外因素對佛教經典的損壞。此外，迦膩色迦王還將這次結集的成果抄寫了很多份，派人送到天竺南海各地予以廣泛傳播。

馬鳴菩薩造《大乘起信論》

馬鳴菩薩在第四次結集中主要負責文句的推敲、修訂和書寫工作，因此有幸接觸到了幾乎所有的部派佛教典籍以及佛陀所說原典；可以說，在這次結集的數年中，馬鳴菩薩幾乎通讀了經、律、論三藏，對於馬鳴菩薩佛學知識的積累是一個巨大飛躍。可以想見，在這次長達數年的結集中，馬鳴菩薩對佛典的掌握更為全面，理解得更深刻，思想也更加成熟，為其日後弘揚佛法、與論造宗奠定了堅實基礎。

在這次結集中，最重要的一部經典是一切有部的巨著《阿毗達磨毗婆沙論》（也稱為《大毗婆沙論》）。馬鳴菩薩全程參與了其文字修訂工作，由此對於歷代高僧對於佛經的註解詮釋有了非常深刻的理解，這也為他以後寫作《大乘起信論》埋下了契機。

《大乘起信論》不同於一般的對佛經進行註釋的論著，主要闡發了馬鳴菩薩對大乘佛法的理解，對於小乘佛法到大乘佛法的流行轉化產生了重要影響，馬鳴菩薩因此也被認為是與論造宗的始祖。後人認為，馬鳴菩薩透過論著的寫作成為大乘中觀宗的重要祖師，後世高僧對論著也更為重視，馬鳴菩薩甚至被認為是大乘佛法時代的重要開創者。

結集完成之後，馬鳴菩薩對於佛教教義的掌握已相當精熟，他便開始創作諸多佛教經論，先後寫出了《大莊嚴論》、《尼乾子問無我義經》、《六趣輪迴經》、《十不善業道經》、《大宗地玄文本論》、《甘蔗論》、《大乘起信論》等論著；其中，《大乘起信論》和《大宗地玄文本論》是佛教界公認的大乘經典，馬鳴菩薩在教內教外的聲譽也因此達到了頂峰。

《大乘起信論》無論對天竺還是中土漢地的大乘佛教發展，都產生了重要作用。馬鳴菩薩在參與第四次結集之後，綜合一百多部大乘經典的精髓要旨，為了方便大眾學習，耗盡心血的寫就一部《大乘起信論》。這是將非常深廣的大乘佛法，通過簡明扼要、通俗易懂的方式表達出來，從而讓初學者能夠很快進入大乘佛法之門。

《大乘起信論》後來傳入中土漢地，深深影響了漢傳佛教的形成和發展。唐末五代高僧永明延壽禪師在其巨著《宗鏡錄》中，便盛讚馬鳴菩薩造論功德，點明《起信論》大乘「決定之趣」的究竟旨向：

祖師馬鳴菩薩，廣釋經造論，末後唯制一卷略論，名《大乘起信論》。云：

有摩訶衍，能起大乘信根，立心真如、心生滅二門，總論一心，別開體用。若了此一心大旨，即是起一切眾生大乘信根；若未信者，設經無量億劫，廣大修行，不入祖佛正宗，皆是假名菩薩。以此一論之要義，總攝諸部之廣文，以源攝流，有何不盡？亦是諸聖製作大意，亦是宗鏡本懷，乃諸佛所知，群賢所證，眾德所備，萬行所弘，妙義所詮，究竟所趣。

這就是說，馬鳴菩薩在整理、解釋經典之後，將龐大的佛法體系予以精簡而寫成《大乘起信論》，用「一心二門」的主旨闡發了大乘佛法的真諦，使廣大修行者得以形成清楚的概念。所謂「一心二門」，指的是眾生皆有同一種妙明真心，但是表現在現實中卻有作為本體的真如心和作為表現的生滅心兩種。所謂佛法修行，就是將生滅心轉變為真如心，待到徹底彰顯真如佛性時，即是成佛。

如果能夠理解馬鳴菩薩的造論苦心，能夠領悟「一心二門」的大意，就能踏入大乘佛法之門；否則，就算花費無量時間修行，最終也入不了佛門，只是假名菩薩而已。《大乘起信論》暢佛本懷，可為眾生修行的指導，實在是大乘佛法的寶貴經典。

馬鳴菩薩還作了《大宗地玄文本論》，以十種愛樂心、十種識知心、十種修道心、十種不退心、十種真金剛心、一大極自然陀羅尼地，為五十一種修行法門；不過，這五十一種法門的名字都是梵語，很難翻譯。《大宗地玄文本論》的核心思想與《大乘起信論》一脈相承。

就大小乘佛法而言，馬鳴菩薩所在的時期是佛教小乘佛法時代向大乘佛法時代過渡的重要時期，馬鳴菩薩對於大乘佛法時代的開創居功至偉。從本質上來說，以部派佛教為主的小乘佛法也是釋迦牟尼佛傳下來的佛教正法。不過，小乘佛教雖然也強調度化眾生，但是往往偏向於自我解脫；大乘佛法雖然也強調自我解脫，但更多是將自我解脫與度化眾生緊密聯繫起來，唯有發大菩提心、普度眾生才能真正自我解脫，才能究竟成佛。

在從小乘佛教時代向大乘佛教時代過渡的過程中，各種分歧、異議層出不窮；為了統合這些分歧和異議，所以才有第四次結集。馬鳴菩薩通過結集的參與，深刻領會到大乘佛法的真諦，也深刻認識到小乘佛法與大乘佛法的內在一致性，由此創作了《大乘起信論》，為小乘佛法向大乘佛法的過渡提供了理論支撐。

在後世學人看來，馬鳴菩薩是結束佛教「小行大隱」時代，開闢「大主小從」新時代之高僧。「小行大隱」時代，指的是佛陀入滅之後的很長一段時間內，小乘佛法占據主流地位，大乘佛法只能隱沒、難以彰顯的時期；「大主小從」時代，則是指大乘佛法占據主流地位、小乘佛法成為附庸的時期，這一時代普遍認為是從馬鳴菩薩開始的。馬鳴菩薩在佛教歷史上的重要地位由此可見一斑。

除了「小行大隱」時代和「大主小從」時代之外，印度佛教還有最後一個時期，即「密主顯從」時代。這一時期大約發生在佛陀入滅後的一千二百年間，大乘佛法發生了空宗與有宗的重大爭論，於是大乘佛法分裂為空、有二系；同時，小乘佛法則趨於衰微的狀態。後來，密咒開始逐漸盛行，大乘佛法和小乘佛法都依附密咒來修行；相對於密咒或密教而言，大小乘佛法便被稱為顯教。

到了佛陀入滅一千三百年間，不僅印度國內的婆羅門教開始復興，佛教受到影響，後來又遭到外來伊斯蘭教的大肆打壓，大小乘佛法於是漸漸沒落，乃至在印度本土幾乎絕跡。這一時期，就是所謂密咒為主、顯教為從的時代。

自大乘佛法在印度興盛之後，隨著中國僧人的西行求法，大量佛教經典被翻譯到中土漢地。大小乘佛法與漢地風土文化相結合，漢傳佛教八大宗派陸續產生。當釋迦牟尼佛所傳正法在印度幾乎滅絕之時，佛教在中土漢地卻日益興盛；於是，中土漢地逐漸成為實際上的世界佛教中心。通過漢傳佛教的方式，佛陀正法在中土漢地得到了繼承和弘揚。

第七章　傳佛心印十二祖

如暗室燃大明炬，所有諸物皆悉照了；法之明燈亦復如是，流布世間，能滅癡暗。

馬鳴菩薩被後世尊為西天禪宗第十二代祖師。脅尊者是第十代祖師，為什麼馬鳴菩薩不是第十一代祖師呢？

因為，馬鳴菩薩雖然在脅尊者門下剃度受法，但是禪宗衣缽卻是由富那夜奢尊者傳授。據《付法藏因緣傳》記載，十祖脅尊者傳法於富那夜奢尊者，十一祖富那夜奢尊者再傳法給馬鳴菩薩。所以，馬鳴菩薩後被尊為禪宗十二祖。

脅尊者離開中天竺後繼續在四方遊歷傳法。有一天到了華氏城，和追隨的弟子們在一棵大樹下歇息。忽然脅尊者以右手指著地面說：「當這個地方變成金色的時候，就有聖人來了。」說完之後，大地竟然真的變成了金色。

這時，有長者的兒子富那夜奢在大眾中合掌站立著。脅尊者問他：「你從哪裡來？」富那夜奢回答：「我心沒有到過哪裡去。」

脅尊者又問：「你住在什麼地方？」富那夜奢回答：「我的心沒有住的地方。」

脅尊者又問：「那你的心是不定的嗎？」富那夜奢回答：「諸佛也是這樣。」

脅尊者說：「你不是諸佛。」富那夜奢回答：「諸佛也什麼都不是。」

脅尊者於是說偈一首：

此地變金色，預知有聖至；

當坐菩提樹，覺華而成已。

夜奢也說偈：

師坐金色地，常說真實義；

回光而照我，令入三摩諦。

脅尊者明白富那夜奢的意思，於是就為富那夜奢剃度受戒，又告訴富那夜奢：「如來有大法藏今天交付給你，你要好好護持。」再說傳法偈一首：

真體自然真，因真說有理；

領得真真法，無行亦無止。

脅尊者交付完大法藏以後，就示現神變，進入涅槃，化火自焚；眾人用衣服盛著尊者的舍利，隨緣建塔供養。

馬鳴菩薩聽聞富那夜奢尊者佛法修為高深，於是前往拜見，向他求法。

馬鳴菩薩見到富那夜奢尊者後，虛心請教：「我欲識佛，何者即是？」簡言之，即請教尊者：是什麼是佛（或佛性）呢？

這裡所說的「佛」不是指寺廟裡供奉的佛像；實際上，馬鳴菩薩想知道的是，佛性究竟是什麼？這也就是佛陀在菩提樹下證得無上正覺後所說的第一段話：

奇哉！奇哉！一切眾生皆有如來智慧德相，只因妄想執著，不能證得。我當教以聖道，令其永離妄想執著，自於身中得見如來廣大智慧，與佛無異。

佛陀這段話的意思是：一切眾生都有佛性，都可以成佛；但是，因為被妄想執著蒙蔽，所以不能了悟佛性。我將教導眾生修行佛法，永離妄想執著，由此能夠親證自身佛性，成就和佛陀一樣的至高智慧。

富那夜奢尊者說：「汝欲識佛，不識者是。」富那夜奢尊者的意思是說：

「你想認識佛，但是你還不認識佛——你不能認識的那個就是佛了！」這其實類似禪宗的一種機鋒轉語，是引導馬鳴超越事物的表象去探索本質的一種方式，後世禪宗也稱之為「參話頭」。富那夜奢尊者現在把「話頭」拋給馬鳴菩薩，引導馬鳴菩薩自已去「參」；如果成功了，就是禪宗所說的開悟，明心見性。

馬鳴菩薩奇怪地問：「佛既不識，焉知是乎？」馬鳴菩薩提出質疑：我既然不認識佛，怎麼知道這就是佛呢？馬鳴菩薩由此產生了疑情。

所謂「疑情」，是禪宗修行的一種必經過程，就是對世界萬物、宇宙人生真相的疑慮。這種疑慮不是用邏輯思維的方式去進行的，而是要付諸超越邏輯思維的理智直覺方式進行；只有懷疑，才能進一步探究，最終才有可能明白什麼是佛性。釋迦牟尼佛在菩提樹下七日七夜悟道，採用的方式就是進入深妙禪定之中，用理智直覺或般若智慧去思維、觀照，最終大徹大悟，成就無上正等正覺的至高智慧。富那夜奢尊者用機鋒轉語對馬鳴菩薩的引導，就是讓馬鳴菩薩生起疑情以探求實相。

富那夜奢尊者笑著說：「既不識佛，焉知不是？」尊者的意思是：你既然不認識佛，怎麼知道這就不是佛？這仍舊是以話頭的方式繼續引導馬鳴菩薩去參究疑情。讓馬鳴菩薩離開事物的表象，不管這表象是或者不是，自己認識或者不認識，都不去執著，而是用理智直覺去參究「什麼是佛」這個話頭。

馬鳴菩薩聽到富那夜奢尊者的話之後就愣住了，忽然間就入了禪定。似乎是短短一瞬間，又似乎過了無數年，馬鳴菩薩出定之時微微一笑，向富那夜奢尊者恭敬行禮。

富那夜奢尊者知道他已經悟道，也微笑回禮說：「如來記曰：吾滅後六百年，當有賢者，度人無量，繼吾傳化。今正是時。」尊者的意思是說：「佛以前曾授記：我滅度後六百年，將會有聖賢出世，度化無數眾生，他正是傳佛心印的繼承者。現在正是這個時候了。」尊者於是就把禪宗心法傳給了馬鳴菩薩，並說了一首偈子：

迷悟如隱顯，明暗不相離；
今付隱顯法，非一亦非二。

這首偈子的意思是，修行人可透過對顯隱、明暗等表象世界的超越去體悟佛性。

後來，富那夜奢尊者臨涅槃時，叮囑馬鳴菩薩說：

譬如暗室燃大明炬，所有諸物皆悉照了；
法之明燈亦復如是，流布世間，能滅癡暗。

尊者的意思是：猶如明燈驅除黑暗一樣，勉勵馬鳴菩薩高舉佛法的明燈，驅除一切外道邪見，讓佛法弘揚光大。

於是，馬鳴菩薩謹遵教誨，以無礙辯才和善巧方便，破除一切邪知邪見，廣泛宣傳佛法真諦，度化了無數眾生皈依佛門。

印度禪宗的傳承

馬鳴菩薩被尊為西天禪宗十二祖，他之前和之後又有哪些祖師呢？他們之間的傳承又是如何呢？西天禪宗和中土禪宗是什麼關係？

禪宗的「禪」也有「禪讓」的意思；所以，歷代以來，禪宗的傳承一般都是單傳，即一代只有一人得到禪宗衣缽的傳承。西天禪宗的傳承一共有二十八祖，其次序是：初祖摩訶迦葉，二祖阿難，三祖商那和修，四祖優波毱多尊者，五祖提多迦尊者，六祖彌遮迦尊者，七祖婆須密，八祖佛陀難提尊者，九祖佛陀密多尊者，十祖脅尊者，十一祖富那夜奢尊者，十二祖馬鳴，十三祖迦毗摩羅，十四祖龍樹，十五祖迦那提婆尊者，十六祖羅睺羅跋陀羅，十七祖僧伽難提，十八祖伽耶舍那尊者，十九祖鳩摩羅多尊者，二十祖闍夜多尊者，二十一祖婆修盤頭，二十二祖摩拏羅，二十三祖鶴勒那，二十四祖師子尊者，二十五祖婆舍斯多，二十六祖不如密多，二十七祖般若多羅，二十八祖菩提達摩。

菩提達摩也是東土禪宗的初祖。菩提達摩來到中土漢地傳法，禪宗的衣缽傳承從此就由印度轉移到了中國。中土禪宗的歷代祖師是初祖達摩，二祖慧可，三祖僧璨，四祖道信，五祖弘忍，六祖惠能；惠能之後，禪宗就不再是一代傳一人。惠能廣收弟子，禪宗在隨後的發展中變成了「五宗七派」：臨濟宗、曹洞宗、溈仰宗、雲門宗、法眼宗，加上後來由臨濟宗分出的黃龍派和楊岐派，這就合稱為五宗七派。

禪宗被稱為「教外別傳」的心法。據說，有一次大梵天王在靈鷲山上請佛祖釋迦牟尼說法。大梵天王率眾人把一朵金婆羅花獻給佛祖，隆重行禮之後退坐一旁。佛祖拈起金婆羅花，意態安詳，卻一句話也不說。大家都不明白他的意思，面面相覷，唯有摩訶迦葉面現微笑。佛陀說：

吾有正法眼藏，涅槃妙心，實相無相，微妙法門，不立文字，教外別傳，付囑摩訶迦葉。

這段話的意思是：我有普照宇宙、包含萬有的精深佛法，熄滅生死、超脫輪迴的奧妙心法，能夠擺脫一切虛假表象、修成正果，其中妙處難以言說。我以觀察智，以心傳心，於教外別傳一宗，現在傳給摩訶迦葉。

然後，佛陀就把平素所用的金縷袈裟和佛鉢授與迦葉。這就是禪宗「拈花一笑」和「衣鉢真傳」的典故。由此，摩訶迦葉成為西天禪宗第一代祖師。迦葉接受佛陀禪宗傳承後，於辭世前，將禪宗心法傳授給阿難，是為二祖。

後來，阿難將要入滅，山河大地震動。商那和修就和五百仙人頂禮阿難，願意傳承禪宗心法，阿難於是將正法傳給商那和修，是為三祖。

優波毱多十七歲禮拜商那和修出家，天資聰穎，精進修行，使得魔宮震動，波旬愁怖。商那和修知道他是法器，後傳法於他，是為四祖。

提多迦出生時，其父夢見金色太陽照耀天地。後來遇到優波毱多尊者，受戒出家，傳法至中天竺，是為五祖。

彌遮迦是中天竺人，遇到提多迦尊者遊歷到此，於是頂禮出家，並傳法到北天竺，是為六祖。

婆須密是北天竺人，遇到六祖遊化到此，於是拜服出家；後傳法到迦摩羅國，大興佛事，是為七祖。

佛陀難提是迦摩羅國人，辯才無礙，與七祖辯論失敗而敬服出家，後傳法到提伽國，是為八祖。

佛陀密多是提伽國人，到了五十歲還不說話，也不四處走動。遇到八祖後，八祖知道他是因為擔心父母所以不說話，也不遠行，便收其為徒，是為九祖。

脅尊者曾經隨著父親去見九祖，隨即剃度出家，是為十祖。

後來脅尊者傳法給富那夜奢，是為十一祖。

十一祖傳法給馬鳴，是為十二祖。

馬鳴傳法給迦毗摩羅，是為十三祖。

迦毗摩羅遊歷到西天竺，遇到龍樹，授法予之，是為十四祖。

迦那提婆開始是外道，喜歡辯論；後來遇到龍樹遊歷到南天竺，被龍樹所折服，於是皈依佛門，是為十五祖。

羅睺羅跋陀羅是迦毗羅國人，遇到迦那提婆遊化到此，於是皈依門下，是為十六祖。

僧伽難提是室羅筏城寶莊王之子，七歲時就厭離享樂，希望出家；後來皈依羅睺羅跋陀羅尊者出家，是為十七祖。

伽耶舍那是摩提國人，僧伽難提尊者遊歷摩提國期間見他見識不凡，於是收為弟子，傳下衣缽，是為十八祖。

鳩摩羅多是大月氏國人，遇到伽耶舍那尊者到此，剃度皈依，是為十九祖。

闍夜多是北天竺人，遇到鳩摩羅多說法到此，豁然大悟，於是出家皈依，是為二十祖。

婆修盤頭是羅閱城人，每天日中一食，虔誠禮佛，被眾人視為苦行表率；遇到闍夜多尊者才明白佛法真諦，後傳承大法，是為二十一祖。

摩拏羅是那提國常自在王之子，三十歲時遇到婆修盤頭至那提國說法，至心皈依，是為二十二祖。

鶴勒那是月氏國人，二十二歲出家，常有鶴眾相隨；後來遇到摩拏羅說法，鶴眾飛鳴而去，於是拜師摩拏羅，是為二十三祖。

師子是中天竺人，師從鶴勒那，為二十四祖。據說，有一次師子尊者遊化至罽賓國，傳法之後，遇到國王持劍而來，問師子尊者是否已經看破生死，需要師子尊者向國王布施自己的頭顱；師子尊者知道這是前世因緣，坦然受之。國王於是斷尊者首，白乳噴湧數尺之高，國王右臂亦墜地。

婆舍斯多是罽賓國人，遇到師子尊者授法，是為二十五祖。婆舍斯多傳法之際，遇到國王改信外道法，將尊者外衣焚燒；烈火焚燒，法衣卻無損，於是國王懺悔。不如密多是南天竺天德王之次子，從婆舍斯多授法，為二十六祖。

不如密多後來遊化到東天竺，遇到堅固王信奉外道，在鬥法中輕易擊敗外道，大興佛法。般若多羅是東天竺人，遇到不如密多來此傳法而皈依，是為二十七祖。後傳法給二十八祖菩提達摩。

中國禪宗的傳承

菩提達摩是中土禪宗初祖。他是南天竺國香至王的三王子，年少時就十分聰明，對於佛法有著天然的親近之情。後來跟隨禪宗二十七祖般若多羅大師學大乘義理。四十年後受囑衣鉢，弘揚禪法。得到禪宗傳承之後，達摩向般若多羅大師求教：「我得到佛法以後，應到何地傳化？」般若多羅說：「你應該去震旦傳法。」震旦國就是中國，就是中土漢地。

大約在梁武帝普通七年（西元五二六年）達摩祖師渡海來到廣州。他聽說梁武帝信奉佛教，於是就到南朝都城建業（就是現在的南京）去見梁武帝。但是，梁武帝很難理解達摩祖師所說的禪法，兩人談話總是不投機。達摩祖師知道傳法因緣不具足，便渡江北上到北魏都城洛陽。

當他來到洛陽時，看到永寧寺內的莊嚴寶塔，感歎地說：「我已經一百五十歲了，遊歷過很多國家，還從來沒有見到如此莊嚴的佛塔！」隨後，達摩祖師就到洛陽附近的少室山，在後山面壁九年，後來傳法給慧可。因為達摩祖師是第一位將佛陀所傳禪宗衣缽傳入中土之人，所以被稱為中國禪宗初祖。

中土禪宗二祖是慧可。慧可（西元四八七至五九三年），又名僧可，俗名姬光，號神光，洛陽人。他年輕的時候學習儒學，對於老、莊、易學也很精通，出家之後深入研究三藏經典。大約在四十歲時，他聽說菩提達摩在少室山面壁，於是來到少室山向達摩祖師求法。

然而，達摩祖師只顧面壁打坐，根本不理睬他。但是慧可並不氣餒，反而愈發恭敬和虔誠。他在達摩面壁的附近搭了一個草棚，除了夜裡打坐休息外，一整天都站在達摩面壁的洞外等待。

這樣過了一天又一天，天氣漸漸變得越來越寒冷。在臘月初九晚上，天氣陡然變冷，寒風刺骨，並下起了鵝毛大雪；慧可依舊站在洞外一動也不動，積雪居然沒過了他的膝蓋。這時，達摩祖師才慢慢地回過頭來看了他一眼，問道：「汝久立雪中，當求何事？」慧可禪師流淚回答：「惟願和尚慈悲，開甘露門，廣度群品。」達摩祖師卻說：

諸佛無上妙道，曠劫精勤，難行能行，非忍而忍。豈以小德小智，輕心慢心，欲冀真乘，徒勞勤苦。

達摩祖師的意思是說：諸佛所開示的無上妙道，須累劫精進勤苦地修行，行常人所不能行，忍常人所不能忍，方可證得。豈能是小德小智、輕心慢心的人所能獲得？若以小德小智、輕心慢心來希求一乘大法，只是癡人說夢，徒自勤苦，不會有結果的。

據說，聽了達摩祖師的話，為了表達自己求法的堅定決心，慧可毅然地用戒刀把自己的左臂砍了下來，並將斷臂放在達摩祖師面前，頓時鮮血染紅了雪地。達摩祖師被慧可堅定的求道之心所感動，知道慧可是個法器，於是說：「諸佛最初求道，為法忘形；汝今斷臂吾前，求亦可在。」

達摩祖師於是收慧可為徒，後來更將禪宗衣缽交付給他。自此，禪宗在中國就有了傳法世系。

二祖慧可一面度化眾生，一面尋求傳法弟子。在傳法的過程中，有一次來了一個身患重病的中年居士來向慧可請教。居士向二祖說：「弟子身纏風恙，請和尚懺罪。」二祖回答說：「將罪來，與汝懺。」二祖讓這位居士直接把罪業拿出來進行懺悔。居士沉吟很久，回答說：「覓罪不可得。」居士到處找罪業，但是找不到，拿不出來啊！二祖就說：「與汝懺罪竟，宜依佛法僧住。」既然找不到，那就是懺悔淨盡了！二祖三言兩語點撥，就讓這位居士有所領悟。二祖告知居士，從今以後應當皈依三寶，過出家人的生活。

居士豁然有悟，又問：「今見和尚，已知是僧。未審何名佛法？」意即：

您讓我依佛、法、僧三寶而住，我今天見到了和尚，知道僧的含義了；不過，什麼是佛和法呢？二祖說：「是心是佛，是心是法，法佛無二，僧寶亦然。」這就是說佛、法、僧三寶皆依一心而立。居士恍然大悟，欣喜說：「今日始知罪行不在內，不在外，不在中間，如其心然，佛法無二也。」意為：今天我才明白罪業並不是一個實有，它既不在心的內外、中間，只是我們的真如佛性的外在表象而已。

二祖聽了居士的回答，非常器重他，當即收其為徒，法號僧璨。僧璨後被二祖授以禪宗衣缽，是為三祖。

大約在隋大業二年（西元六〇六年），三祖僧璨告訴大眾：「別人都把坐著入滅看得很希有，我今天要站著走，以示生死自由。」說完用手攀著樹枝，奄然而化。

四祖道信（西元五八〇至六五一年），生於湖北永寧。於隋開皇十二年（西元五九二年）向禪宗三祖僧璨求法，後在吉州符寺受戒，二十六歲時被三祖授以衣鉢。唐貞觀十八年（西元六四四年），道信傳法於弘忍，於永徽二年（西元六五一年）坐化。

道信大師最大的貢獻是建立了固定的傳法道場。他提倡「擇地開居，營宇立象」，建立固定的傳法道場，結束了自達摩以來居無定所、行無定處的遊化局面。他還提出了「農禪並舉」的主張，自此出家人開始種地，能夠養活自己；僧人生活有了保障，佛教也得以發展壯大，可說是偉大的創舉。

自佛陀創立佛教教團以來，主要以化緣乞食為生。在古天竺，僧人化緣受到尊敬；但在中土漢地，化緣乞討始終難以被講求自食其力的中國百姓認同。達摩及慧可、僧璨等幾代禪師，依然遵循著印度佛教風習，奉頭陀行，苦行節欲，一衣一鉢，乞食為生。道信在雙峰山實行農禪並重、自食其力，在佛教史上乃是一大創舉。這一主張為弟子弘忍及後來的禪師繼承發揚，成為中國佛教另一面向的優良傳承。

五祖弘忍（西元六〇二至六七五年），湖北黃梅人，十三歲剃髮為僧，在道信門下修行。道信非常器重他，並於永徽二年（西元六五一年）把禪宗衣缽傳給他。弘忍建立東山寺傳法，被世人稱為「東山法門」。弘忍得法於道信之後，先後住雙峰山和東山寺兩地數十年，足不下山，唐高宗曾兩次遣使請他到京城，都被他婉拒。

繼承道信的禪風，弘忍亦主張農禪並舉，還主張禪者應以山居為主，遠離囂塵，這種改變在中國佛教史上影響深遠。弘忍並提出「四儀（行住坐臥）皆是道場，三業（身口意）咸為佛事」，把禪僧的一切活動（包括生產勞動）提升為禪修，為農禪結合、自食其力提供了理論依據。後世的馬祖道一、百丈懷海等禪師創叢林、立清規，道場選址在深山老林；百丈懷海禪師更是將自食其力定為叢林規制，堅持「一日不作，一日不食」。這些都是受了道信、弘忍禪風的影響。

咸亨三年（西元六七二年），弘忍為傳衣鉢，讓門下弟子各呈一偈，便為後世留下兩則流傳千古的偈子——

上座神秀呈偈曰：

身是菩提樹，心如明鏡臺；
時時勤拂拭，莫使惹塵埃。

南方來的「獦獠」（古代對南方少數民族的貶稱，亦泛指南方人）僧惠能則作偈曰：

菩提本無樹，明鏡亦非臺；
本來無一物，何處惹塵埃。

看出惠能之上上根器的弘忍，在夜裡為惠能宣講《金剛經》大意，至「應無所住而生其心」處令惠能大悟，遂將衣鉢密傳給惠能。

六祖惠能（西元六三八至七一三年），也作慧能，廣東新興人。二十四歲時聞《金剛經》開悟而辭母北上，求法於五祖弘忍。得到禪宗衣缽傳承之後，惠能在曹溪傳法，主張不立文字，教外別傳，直指人心，見性成佛。

惠能的思想集中體現於《六祖法寶壇經》中。《壇經》以「自性即佛」為核心，以三無（無相、無念、無住）和「一行三昧」為主旨，以「頓悟見性」為宗趣。

中土禪宗最初以《楞伽經》印心到五祖弘忍以《金剛經》印心，再到惠能《壇經》的出現，這是禪宗逐漸凸顯自身特色的標誌，這便是《壇經》所說的「大乘頓教」。禪宗自惠能起，經門人廣為傳播，影響極大，所以有「凡言禪，皆本曹溪」之說。禪宗從西天第一祖摩訶迦葉一直傳到中土第六祖惠能這裡，衣缽單傳的局面就結束了。

惠能弟子眾多，廣傳禪法，開創了「五宗七派」或「五家七宗」的大格局。

所謂五宗七派，具體為——

溈仰宗：是溈山靈佑及其弟子仰山慧寂創立。

臨濟宗：是義玄在鎮州臨濟院創立。

曹洞宗：是洞山良价及其弟子曹山本寂創立。

雲門宗：是文偃在韶州雲門山光泰禪院創立。

法眼宗：是「大法眼禪師」文益創立。

黃龍派：由黃龍山慧南禪師創立。

楊岐派：是楊岐山方會禪師創立。

禪宗各派的思想相差無幾，因為門庭施設不同、接引學人方法有所區別，所以才有了不同宗風。

到了中土禪宗六祖惠能之後，代表禪宗傳承的衣缽就不再傳下去了，為什麼呢？

一般而言有三種說法。第一種說法是，禪宗衣鉢被武則天拿走了。當時惠能在南方傳法，師兄神秀在北方傳法；神秀認為自己的師弟更為出色，就向武則天推薦惠能，武則天欲延請惠能來北方講法，惠能婉言拒絕。武則天見惠能不願前來，就延請禪宗袈裟進行供養；結果，武則天喜愛禪宗袈裟不願奉還，另外賜了袈裟給惠能。惠能從此就不再以衣鉢傳人。

第二種說法是，依據菩提達摩的夙願，衣鉢不再傳人。當年，菩提達摩把心法和衣鉢傳給二祖慧可時，就曾說過：「當我入滅兩百年以後，衣鉢便須止而不傳。」到了六祖惠能時，時間剛好到了菩提達摩圓寂兩百年；所以，禪宗袈裟、佛鉢如達摩所說，就不再傳世了。

第三種說法是，惠能為了讓禪宗得到更好發展而不再傳衣鉢。惠能在弘忍處得到衣鉢傳承之後曾引起弟子爭搶；有鑑於此，惠能認為只有不傳承衣鉢，才能斷除弟子們的貪執。因此，惠能強調禪宗的傳承是佛法本身，而不是衣缽。

惠能在曹溪大興禪宗，其座下弟子不計其數，得法者更是有四十三人，其中最著名的有南嶽懷讓、青原行思、荷澤神會、南陽慧忠、永嘉玄覺等；主張農禪並舉的馬祖道一、百丈懷海，則是南嶽懷讓的傳承。

如果惠能堅持衣缽只能傳給一人，就肯定不利於禪宗的傳播和發展；所以，惠能最終囑咐弟子們，以佛陀傳下來的禪宗心法為依託，而不再以衣缽為傳承象徵。禪宗也因此迎來飛速發展時期，逐漸成為漢傳佛教的重要宗派。

馬鳴菩薩作為西天禪宗第十二祖，後來傳法給迦毗摩羅尊者。傳法之後再無牽掛，即入龍奮迅三昧的境界，踴身虛空如同太陽，然後圓寂，入了涅槃。

縱觀馬鳴菩薩的一生，為了佛法傳播竭盡全力，上自國王、下至普通民眾，乃至各種外道，度化了無量眾生，誠可謂之「功德日」。

菩薩都勇猛精進地修行，祖師大德也是如此。無量劫來，馬鳴菩薩一邊修養善根，一邊度化眾生。馬鳴菩薩曾經化成很多蠶，「春蠶到死絲方盡」，為眾生提供衣服。累世弘揚佛法，連馬兒也感動地悲鳴流淚。繼承佛陀禪宗心法，弘揚大乘法門，高舉佛法明燈，演說佛法妙旨，為無量眾生指出了正法大道，讓無量眾生得到了解脫。

無論是西天還是中土漢地，眾生都對馬鳴菩薩非常敬仰；甚至在虛空法界中，馬鳴菩薩也像太陽一樣照耀四方。當代禪宗高僧宣化上人（西元一九一八至一九九五年）便有偈贊曰：

勇猛精進修善根
無量劫來度眾生
化蠶吐絲菩薩願
若馬悲鳴祖師風
傳佛心印弘大乘

續聖明燈演圓宗
西天東土齊瞻仰
虛空法界日當中

影響

壹・《大乘起信論》解析

《起信論》者，乃馬鳴大師為破小乘外道邪見，宗百部大乘經典所作，以為發起正信也。

《大乘起信論》是傳佛心印的巨著。當時馬鳴菩薩參與第四次結集之後，對於佛法的理解達到了頂峰，於是受師咐囑，廣宣正法，解釋《楞伽經》，著述《甘蔗論》、《一心遍滿論》、《融俗貴真論》、《真如三昧論》等，其中對大乘佛法貢獻最大的就是《大乘起信論》。

《大乘起信論》是馬鳴菩薩在《華嚴經》、《勝鬘經》、《金光明經》、《楞伽經》、《菩薩瓔珞經》、《般若經》、《法華經》、《涅槃經》等一百餘多部大乘經典的基礎上，為了方便大眾學習和理解佛法而著述的重要論書。

昔年，釋迦牟尼佛宣說佛法時，針對眾生不同根器說法甚多，歷代結集之後的佛教經典更是浩如煙海。馬鳴菩薩憐憫眾生，因為佛法甚深，所以特地為眾生著述《大乘起信論》，希望通過這一部深入淺出的論著，使得眾生能夠契入大乘佛法之門。

《大乘起信論》非偽作

關於《大乘起信論》，學術界和宗教界始終有一種隱晦的聲音，即質疑《大乘起信論》的真偽，甚至認為這部論著乃是假託馬鳴菩薩而作的「非大乘佛法」偽作。我個人則以為，末法時代人根陋劣，邪師說法如恆河沙，很多佛教經典逐步被歪曲、被否定；佛陀入滅之時，早就預見到這種情況，所以末法時代眾生得度很困難。能夠接觸並學習、奉行《大乘起信論》，實需要大福報。

儘管受到少數人的質疑，但是諸多高僧大德早就破斥各種邪說，認為《大乘起信論》絕非偽作，而是馬鳴菩薩所作的珍貴大乘佛法經典論著。在《虛雲老和尚自述年譜》中，近代高僧虛雲大師這樣說：

法末之時，佛所說的法，都要滅的。先從《楞嚴經》滅起，其次就是《般舟三昧經》。如歐陽竟無居士以他的見解作《楞嚴百偽說》，來反對《楞嚴》。還有香港某法師說《華嚴》、《圓覺》、《法華》等經和《起信論》都是假的，這就是法末的現象。

虛雲長老指出，末法時代，因為眾生根器陋劣，邪魔禍亂佛法的緣故，所以佛陀所說的正法最終都會被否定；到任何人都不相信佛法的時候，佛法自然就泯滅了。只有等到彌勒菩薩在五十六億七千萬年後龍華樹下成佛後，才會再傳佛法。末法時代，最先滅的是《楞嚴經》，其次是《般舟三昧經》。近代歐陽竟無居士寫了一部《楞嚴百偽說》反對《楞嚴經》，還有香港的某法師說《華嚴經》、《圓覺經》、《法華經》、《大乘起信論》等知名經論都是假的，這實在是佛法衰微的現象。

在〈復李觀丹居士書〉中，近代高僧印光大師這樣說：

《起信論》之偽，非倡於梁任公，乃任公承歐陽竟無之魔說，而據為定論，以顯己之博學，而能甄別真偽也。歐陽竟無乃大我慢魔種，借弘法之名，以求名求利。其以《楞嚴》、《起信》為偽造者，乃欲迷無知無識之士大夫，以冀奉己為大法王也。其人借通相宗以傲慢古今，凡台賢諸古德所說，與彼魔見不合，則斥云放屁；而一般聰明人，以彼通相宗，群奉之以為善知識。相宗以二無我為主，彼唯懷一我見，絕無相宗無我氣分。而魔媚之人，尚各相信，可哀也！

印光法師回覆李觀丹居士的信件中表示，《大乘起信論》被認為是偽作，這種說法並不是起源於梁啟超。梁啟超實際上繼承的是歐陽竟無的邪說，並將歐陽竟無的邪說認為是真實的，從而妄自斷言經典的真偽。歐陽竟無的內心是非常傲慢的魔種，假借弘法之名，實際上是想謀求名利，所以將《楞嚴經》、《大乘起信論》都說成是偽作，其目的是迷惑那些沒有見識的士大夫知識分子，希望成為被人信奉的大法王。歐陽竟無以法相宗為名傲視古今，無論是什麼樣的高僧大德，只要和他的意見不相同，一概斥之為放屁！實際上他根本就沒有弄懂法相宗的真諦，只是貢高我慢，騙取眾人信奉。那些相信歐陽竟無邪說的人真是可憐！

《大乘起信論》是馬鳴菩薩破除外道邪見，闡揚大乘佛法的經典之作，當時因為眾生因緣尚沒有成熟，所以還沒有廣泛流傳；之後傳布開來，並被翻譯到中土漢地，成為對漢傳佛教影響最為深遠的重要論典之一。然而，近代一些學者出於種種錯誤原因，而認為《大乘起信論》並不是馬鳴菩薩所作，甚至認為這不符合佛法。這實在是末法時代眾生所應了解與探究的！

既然《大乘起信論》是珍貴的大乘佛法經典，真實無虛，馬鳴菩薩造論的具體因緣是什麼呢？

明朝蕅益大師在《大乘起信論裂網疏．跋》中敘述了馬鳴菩薩的造論因緣。蕅益大師說：

《大乘起信論》者，佛祖傳心之正印，法性法相之總持也。如來昔以大乘阿毗曇付與彌勒，摩訶般若付與文殊。般若破執有而顯妙有，毗曇破惡空而顯真空；一音所宣，曾無異旨。佛滅五百年後，異見滋生，馬鳴大士，應佛懸記，重興正法，始則示為計我外道，後乃廣顯二空妙宗，作無我大獅子吼，破凡外二乘偏執，宗百洛叉大乘經典，造此略論，申暢一心二門。即生滅而顯真如，收般若真空不空之妙旨；即真如而辨生滅，闡毗曇幻有不有之玄詮。厥後龍樹依般若而造《中論》，還以空義成一切法；護法依毗曇而解唯識，還以幻有顯二種空。故知馬鳴、龍樹、護法，三大菩薩，同契佛心，曾無稍異。

蕅益大師認為，《大乘起信論》是傳佛心印的經典。佛陀當年以大乘阿毗曇付與彌勒菩薩，以摩訶般若付與文殊菩薩，這兩者都宣說的佛法妙旨，並無差異。後來佛陀入滅後五百年，各種外道邪見滋生；馬鳴菩薩於是出世，為拯救眾生而作《大乘起信論》，傳佛正法，破除邪見。後來龍樹菩薩作《中論》，護法菩薩解釋唯識，這三大菩薩所說的都是佛道正法，並沒有相互衝突的地方，而是完全一致的。

對此，近代高僧太虛大師於〈再議印度之佛教〉一文中，也專門談到了馬鳴菩薩著作《大乘起信論》的流傳因緣及其與中觀、唯識的關係。太虛大師所說的要義可概括為三點：

一是《大乘起信論》的年代早於龍樹菩薩的《中觀》。《大乘起信論》是馬鳴菩薩為了澄清諸多疑義、分歧之後，對於大乘佛法的精要開示；當時尚未廣為流傳的原因是，須待時機成熟後，等待有緣者再弘揚開來。

二是馬鳴菩薩的《大乘起信論》與龍樹的《中觀》是一以貫之的。龍樹的思想並非與馬鳴菩薩的思想相背；恰恰相反，龍樹是對馬鳴的繼承，兩人共同將大乘佛法的旗幟高舉起來。

三是馬鳴、龍樹、無著、世親菩薩的思想是一貫大乘，《起信論》與中觀、唯識是相互圓融的。

因此，太虛大師認為，大乘佛法的傳播從馬鳴菩薩的《大乘起信論》開始，經過龍樹、提婆、無著、世親等諸大論師的發展，得以廣為流行，並最終傳播到中土漢地。

《大乘起信論》是極為珍貴的大乘佛法經典。《八十華嚴》譯者、唐朝實叉難陀法師於〈新譯大乘起信論序〉中述說本論的珍貴：

其為論也，示無價寶，詮最上乘。演恆沙之法門，惟在方寸；開諸佛之祕藏，本自一心。遣執而不喪其真，存修而亦忘其相。少文而攝多義，假名而會深旨。落落焉皎智月於淨天，滔滔焉注禪河於性海。返迷歸極，莫不由之。

這是對《大乘起信論》的極高讚譽！其認為《大乘起信論》以精煉的語言闡發大乘佛法的至高道理，啟發眾生的佛法正信，真是大藏精髓、人間至寶。

明朝憨山大師也高度讚譽《大乘起信論》：

《起信論》者，乃馬鳴大師為破小乘外道邪見，宗百部大乘經典所作，以為發起正信也。故立論宗法界一心，開真妄二門；徹生滅之本，窮迷悟之源；指修行之正路，示止觀之妙門。總括一萬一千餘言，理無不盡，事無不該，可謂大教之關鑰、禪宗司南也。

清末民國守培法師則讚歎：「非讀《起信論》，不明大乘真義。」可見，馬鳴菩薩所作《大乘起信論》符合佛陀所傳大乘佛法之真諦，具有極高價值，為歷代高僧大德所讚譽，實在是佛法瑰寶，也是眾生離苦得樂的大法船！

《大乘起信論》的核心思想

《大乘起信論》分為因緣分、立義分、解釋分、修行信心分、勸修利益分五部分，把大乘如來藏思想和唯識說結合為一，闡明「一心」、「二門」、「三大」的佛教理論和「四信」、「五行」的修持方法。其中心思想是論證「如來藏」（真如）與世界萬物的關係，並勸人信奉大乘佛教。由於此論結構嚴整，文義通順，解行兼重，古今學人盛行傳誦，因此視為大乘佛教入門之書。

《起信論》認為，如來藏由生滅心轉，實則不生不滅與生滅和合，非一非異，世界萬有都是「如來藏」的顯現，因而提出「真如緣起」說。勸導人們深信真如佛性和佛、法、僧三寶，修持布施、持戒、忍辱、精進、止觀等，以獲解脫。

簡單地說，《大乘起信論》的核心思想就是「一心二門」。《起信論》開題即開顯真如、生滅二門：「是二門，皆各總攝一切法。此義云何？以是二門不相離故。」《起信論》中所說「一心」，是指「眾生心」，也是如來藏（真如）心。「二門」指一心的「真如門」和「生滅門」。從本質上來說，眾生只有一個心，這個心的本體就是真如；但是，真如心在凡夫那裡表現出生滅的特性，所以一心又表現出真如、生滅二門。

簡單地說，佛陀的心是完全徹底地彰顯了真如佛性；至於凡夫的心，雖然本體是真如，但在現實中表現出來的卻是生滅之心。所以，學佛修道，其本質就是通過修行佛法正道，使凡夫的生滅門轉向真如門；到徹底彰顯真如佛性之時，便是成佛之時。

這個修行的過程很漫長，從流轉的生滅門，依十信、十住、十行、十回向、十地等階次的修行，才能最終達到真如涅槃的境界。

在「一心二門」的基礎上，《大乘起信論》還談到「三大」、「四信」、

「五行」。

「三大」指體、相、用三者。「體大」，謂一切法平等，於一切凡夫、三乘聖賢、諸佛等，無有增減，恆常不變。「相大」，謂如來藏具足大智慧、大光明等無量性德。「用大」，謂一心能生一切世間、出世間的善因妙果。

「四信」謂信真如、信佛、信法、信僧；此說主要為成就信心。

「五行」謂修行有五門，以此五門成就「四信」。五門是施門、戒門、忍門、進門、止觀門；五門約等於六波羅蜜。

什麼是真如？《起信論》這樣解釋：

心真如者，即是一法界大總相法門體，所謂心性不生不滅。一切諸法，唯依妄念而有差別，若離心念，則無一切境界之相。是故一切法，從本已來，離言說相，離名字相，離心緣相，畢竟平等，無有變異，不可破壞，唯是一心，故名真如。以一切言說，假名無實，但隨妄念，不可得故；言真如者，亦無有相。謂言說之極，因言遣言；此真如體，無有可遣，以一切法悉皆真故；亦無可立，以一切法皆同如故。當知一切法不可說、不可念故，名為真如。

通俗地說，什麼是真如呢？真如就是眾生「一心」的本體。相對於我們見到的世界上所有的東西（法），真如是「空」，因為真如不能以任何東西表達出來。但是真如的「空」並不是什麼都沒有，而是「妙有」，即真如是真實存在的，是超越一切表象世界的存在。一切表象世界（法）都是真如的顯現，表象世界正如水波。而真如就是水；水波和水並不相異，但水波不等於水；而要想認識水的本質，也不能離開對水波的認識。因為真如超出了語言文字的表達，所以用「空性」、「妙有」等概念來指涉。

什麼是生滅？《起信論》這樣解釋：

心生滅者，依如來藏，故有生滅心。所謂不生不滅，與生滅和合，非一非異，名為阿梨耶識。此識有二種義，能攝一切法，生一切法：一者，覺義，二者，不覺義。所言覺義者，謂心體離念。離念相者，等虛空界，無所不遍，法界一相，即是如來平等法身。……不覺義者，謂不如實知真如法一故，不覺心起而有其念；念無自相，不離本覺。猶如迷人，依方故迷；若離於方，則無有迷。眾生亦爾，依覺故迷；若離覺性，則無不覺。

簡單地說，什麼是生滅呢？就是說，眾生都有一個妙明真心，也就是如來藏。作為凡夫，如來藏不是清淨無染的，所以就會隨著因緣而生滅各種念頭；各種念頭都在阿梨耶識（阿賴耶識）中體現出來，也就是諸多種子。修行的過程，就是將這些生滅不定的染汙種子轉變為純粹清淨的種子。眾生只是執著於這些念頭，種下的都是染汙的種子，所以是凡夫；聖人則是明白了如來藏的所在，將染汙種子轉化成清淨種子的人。

具體到修行實踐上，《大乘起信論》主要講述了破除我法二執、四信和修行五門的重要性。

破除我、法二執，是大乘佛門的修行基礎。所謂「我執」，又名人執，以不知人身為五蘊假合而有見聞覺知的作用，固執此中有常一主宰的人我，因而一切煩惱障遂從此我執而生，起我執則生煩惱障。換句話說，我執就是對自我這具肉體的執著，凡夫不知道這具肉體只是有生有滅的物體，因此堅固地執著於肉體的感受。正確的作法是，應當看破基於肉體的各種欲望情感執著，去追求心靈的超越。

所謂「法執」，謂執自身心外的一切法為實在；因不明五蘊等法由因緣而生，固執諸法有實性，由之一切所知障從此法執而生，起法執即生所知障。換言之，法執就是認為外界的一切事物都是實實在在的，卻不明白這些也是有生有滅的物體，即便是宇宙也有將來毀滅的一天。凡夫執著於此，所以心外求法，不能明白妙明真心的本質。正確的作法是，要看破一切外在事物，將目光從外界收歸自心，通過對自心的觀照來洞見真如佛性的奧祕。

《大乘起信論》認為不論「人我執」抑或是「法我執」毫無例外都是邪執，都應袪則皆除。「解釋分」說：

一切邪執，依我見，若離於我，則無邪執。是我見有二種。云何為二？一者人我見，二者法我見。

因此，對治或糾正不符合佛教教理的邪執妄見，就要認識邪執產生的根源在於執著我、法為實有；如果離開了我見，就不會有邪執。所以，《大乘起信論》認為破除二執的根本方法就是「無我」。

所謂「無我」，就是指世間一切現象皆無獨立實常的自體，沒有自性或謂自性空，也就是諸法性空，是假名無實。

所謂「人無我」，就是指謂眾生個體為五蘊和合，沒有眾生所執著的、真實存在的自我。

所謂「法無我」，就是依於「法我執」而設。意思是說，世間一切法，如五蘊、四大等，凡以名言概念表述者，皆無實常自性，為因緣生法、生滅法，或心識所變現之法。換言之，眾生概念中實有自性的諸法，其實都沒有自性，因而說諸法無我。

為什麼「無我」是修行的關鍵呢？這是因為，如果有一個自我的主觀思維存在，就會陷入對外界事物的分別之中，就只能執著於外在的表象世界，而無法觀照表象世界背後的那個本體，即真如。所以，應當達到無我的狀態，這就是《金剛經》裡所說的「應無所住而生其心」，也是《心經》裡所說的「照見五蘊皆空」。

用現代哲學的話來說，就是用一種基於理智的直覺去觀照萬物，猶如大圓寶鏡照天照地，而內心沒有一絲執著。大圓寶鏡就是真如，真如的本性是空，因為鏡子本身的特性就是空——任物來去而不沾滯；鏡子裡面照見的萬事萬物就是生滅之心，就是表象世界。到了這樣的境界，就是真正入道了。

「四信」，就是對真如，以及對佛教三寶佛、法、僧具有正信。佛典中多次強調，正信為入佛門、修佛道的根本。佛教修學以「信、解、行、證」為修行階次，認為「信為道源功德母」，長養一切諸善根，即信是根本基礎。「信」可分為迷信、邪信和正信。「迷信」主要是指一個人很愚癡，不加反思地就信仰了。「迷信」雖然是信仰，但和智慧無關，而佛教是智慧的信仰。「邪信」主要指一個人相信邪門歪道的思想，例如不相信善有善報、惡有惡報，反而撥無因果，相信惡法。「正信」即正確的信仰，即佛法所表徵的智慧、慈悲的信仰及正確的修行方式。

「四信」本身就是正信：一信根本，謂真如之法為諸佛之師，眾行之本源，即相信真如（如來藏）的存在。二信佛，謂信佛具有無量功德，如果信仰、親近、供養、恭敬諸佛就能發起善根，開啟智慧。三信法，謂佛法能滅除貪瞋癡慢疑等各種障礙，能夠開啟大智慧，得到大解脫。四信僧，謂信僧能正修行，自利利他，所以應當親近僧眾，以其為善知識，學習僧眾的清淨梵行。

「修行五門」是離苦得樂的門徑。修行五門是指施門、戒門、忍門、進門、止觀門，相當於六波羅蜜；其中將六波羅蜜中之禪定、智慧二波羅蜜合而為一，稱為止觀門，取其止觀合修、雙運不二之意。《大乘起信論》就如此融大乘「六度」之行於「五修行門」，而且「五修行門」互相資助，不可或缺。

什麼是施門？就是布施。《大乘起信論》中的「修行信心分」說：

云何修行施門？若見一切來求索者，所有財物隨力施與，以自捨慳、貪，令彼歡喜。若見厄難、恐怖危逼，隨己堪任，施與無畏。若有眾生來求法者，隨己能解，方便為說。不應貪求名利恭敬，唯念自利利他，回向菩提故。

所以，修行布施就要根據自己的財力、物力，儘量施捨給那些向自己索取財物的眾生，自捨慳貪之心，使他人歡喜。如果見到有眾生遭遇苦難、恐怖等危害的逼迫，要根據自己所能擔當的能力，施以大無畏的精神救拔眾生之苦。如果有眾生來求佛法，就要依據自己的智力和理解佛法義理的能力，以善巧的方法為之解說。特別需要注意的是，在修習布施時絕不應該貪求名利和受人恭維，唯有專心一念、自利利他，並將自己所修的功德回向菩提佛果，這才是正道。

什麼是戒門？就是持戒。「修行信心分」說：

云何修行戒門？所謂不殺、不盜、不淫、不兩舌、不惡口、不妄言、不綺語，遠離貪、嫉、欺詐、諂曲、瞋恚、邪見。

因此，受持戒行，要克制自己的私欲，要諸惡莫做、眾善奉行，即要不殺、不盜、不淫、不兩舌（不搬弄是非），不惡口（不惡口傷人），不妄言（不胡言亂語），不綺語（不花言巧語），還要遠離貪欲、嫉妒、欺詐、諂曲、仇恨、損害他人的心理，從而培植自己善良的行為和仁心。「修行信心分」還說：

若出家者，為折伏煩惱故，亦應遠離憒鬧，常處寂靜，修習少欲、知足、頭陀等行。乃至小罪、心生怖畏，慚愧改悔，不得輕於如來所制禁戒。當護譏嫌，不令眾生妄起過罪故。

這就是說，如果作為出家人進行修行，為了降伏煩惱，就應該遠離熱鬧境地，常住於寂靜之處，修習少欲知足，或者行頭陀苦行。即使是微細小罪，也應心生恐怖和畏懼，不使違犯；如果違犯了，就要感到慚愧而加以悔改。就算是細微小罪，也要和如來所制定的戒律一樣平等看重，不得輕視；而且，還應當制止世人的譏嫌，不使眾生妄起過失和罪惡。正如佛陀入滅時所說，修行應當以戒為師，嚴持戒律是修道的根基。

什麼是忍門？就是安忍、忍辱。「修行信心分」說：

云何修行忍門？所謂應忍他人之惱，心不懷報，亦當忍於利、衰、毀、譽、稱、譏、苦、樂等法故。

也就是說，在修行忍門中，應該忍耐他人加諸於己的種種非理惱害，不懷有報復的心理。並且，應當對於得到財物的「利」、失去財物的「衰」、被他人譭謗的「毀」、被他人奉承的「譽」、被他人稱讚的「稱」、被他人諷刺的「譏」，以及「苦」、「樂」等事物和現象，加以忍耐，不為所動。如果真的做到了這樣，就能夠保持一顆清淨不動心，就能降伏煩惱、修道入門。

什麼是進門？就是精進，勇猛前行。「修行信心分」說：

云何修行進門？所謂於諸善事，心不懈退，立志堅強，遠離怯弱。當念過去久遠已來，虛受一切身心大苦，無有利益；是故應勤修諸功德，自利利他，速離眾苦。復次，若人雖修行信心，以從先世來，多有重罪惡業障故，為邪魔諸鬼之所惱亂，或為世間事務種種牽纏，或為病苦所惱，有如是等眾多障礙；是故應當勇猛精勤，晝夜六時，禮拜諸佛，誠心懺悔，勸請隨喜，回向菩提，常不休廢。得免諸障，善根增長故。

也就是說，在修學「進門」中，對所遇到的一切善事，不生懶惰懈怠之心，立志堅定不移，遠離一切怯弱的思想。而且要經常想念過去久遠時期以來，受到的一切苦難，因此要勤修一切功德，作自利利他之行，從而迅速脫離一切苦難。倘若，雖然發起了修行信心，但因為從過去世以來有許多重罪惡業為障礙，使得自己的修行遇到障礙，就應當日夜禮拜諸佛，懺悔業障，請佛住世，從而勇猛精進，精勤努力。對於自己的一切功德，都應當回向菩提佛果，經常如此而不休廢。如此就能免除一切障礙，使善根不斷增長。

什麼是止觀門？就是禪定與智慧之門。「修行信心分」說：

云何修行止觀門？所言止者，謂止一切境界相，隨順奢摩他觀義故。所言觀者，謂分別因緣生滅相，隨順毗鉢舍那觀義故。云何隨順？以此二義漸漸修習，不相捨離，雙現前故。

「止」就是止一切境界相，會妄歸真，從而與真如心的「無相」相應，逐漸實現真如實相。「觀」則謂「分別因緣生滅相」，就是觀世間眾生無常、苦、空、不淨，世間萬法因緣聚滅沒有自性。「止」、「觀」並行而不悖，相依而存，這就是所謂「止觀俱行」。簡言之，修「止」、「觀」就是要把兩者結合起來，既要靜坐禪慮入定，又要覺知心源。

如果用大圓寶鏡來比喻，「止」大約相當於讓自己的妄念平息下來，從而讓心中的大圓寶鏡從妄念遮蓋中顯現出來；「觀」大約相當於用大圓寶鏡觀照心念起伏乃至萬事萬物，而又不執著於心念起伏和萬事萬物。在這種狀態下，就是達到《楞嚴經》裡所說的「攝心為戒，因戒生定，因定發慧」的效果。

《大乘起信論》對漢傳佛教的重大影響

《大乘起信論》傳入中土漢地之後，很快就流傳開來。隋代梵僧真諦和他弟子智愷以及隋代曇延、慧遠等都各造疏記。天台宗智顗、三論宗吉藏的著述中也曾引用此論。據說，玄奘從印度回國後，又將此論譯成梵文傳往印度。到了宋朝以後，《起信論》更是廣為流傳，高僧多有注疏評述。直到近世，佛教各宗無不以此論為入道的通途而加以傳習。

日韓兩國亦有注疏傳世：朝鮮現存有元曉、太賢、見澄的注疏多種；日本則有湛睿、圓應、亮典、即中、貫空、曇空、藤井玄珠、村上專精、望月信亨等人的章疏。

中土漢地諸多高僧對《起信論》評價極高。宗密禪師在《禪源諸詮集都序》中扼要揭示了《起信論》「一心二門」的真義：

當知性相皆是一心上義，今性相二宗互相非者，良由不識真心，每聞心字將謂只是八識，不知八識但是真心上隨緣之義。故馬鳴菩薩以一心為法，以真如、生滅二門為義。論云：依於此心顯示摩訶衍義，心真如是體，心生滅是相用。只說此心不虛妄故云真，不變易故云如。是以論中一一云心真如、心生滅。

宗密禪師所說與蕅益大師相仿，即馬鳴菩薩的一心二門和性相二宗的思想是完全一致的。性宗偏向於強調真如門，相宗偏向於強調生滅門；其實，心真如是本體，心生滅是表現。後世人不理解《起信論》一心二門的真義，甚至認為《起信論》非佛說，這真是荒謬！

蕅益大師在《大乘起信論裂網疏》中詮釋「二門」時說：

馬鳴以一心真如門，顯甚深般若隨智說；以一心生滅門，顯瑜伽八識隨情說。真如，即一真法界，統事理而泯絕事理者也；生滅，即全理所成之事，全事

> 無性之理也。二門不離一心，則無一生滅而非全體真如，無一真如而不全具生滅，即事事無礙法界也。

在蕅益大師看來，真如和生滅是一體二用，兩者是圓融一體的；真如是本質，生滅是表現。明白真如就不會被生滅所迷惑，從而在生滅中觀照真如。馬鳴菩薩所說的一心二門和般若、瑜伽等大乘佛法所說是完全契合的。

守培法師《大乘起信論妙心疏》更說明，《起信論》所述大乘修行之要旨在於生起、還滅兩種大義。生起、還滅就是《起信論》中闡發的「無明熏真如，真如熏無明」，也即諸經論所說的轉凡成聖、轉煩惱成菩提的真理。守培法師說：

> 言生起者，由一念不覺生三細相，復由三細境界生六粗相，由粗細兩乘而成就眾生。言還滅者，由凡夫修行破相應染心，齊小乘聖果。復起大心修行，破不相應染，盡大乘道。由大小二乘而成就佛果，一來一往，反覆相承，以

生起而明還滅，以還滅而明生起，生起之來程，即還滅之去路。生滅兩途，有本有末，不蔓不枝，如函合蓋，似水歸源，佛法之能事畢矣。聚生起之捷徑，為修證之要門；轉凡夫而成聖，依來路而還家。……惜學法相者，未了此論之真義，遽舍生滅而簡真如，外真如而論生滅，斷章取義，以致反覆成過也。

在守培法師看來，《起信論》所說的「一心二門」就是轉凡成聖的佛法真理。生滅乃是真如的表現，真如是生滅的本體，兩者是本體和表象的統一關係。如果人為割裂生滅與真如，就會犯下強調生滅或是強調真如的片面性錯誤，性相二宗的爭論就是由此而來；尤其是近代少數法相宗學人，以此來質疑否定《起信論》，這是斷章取義的誤解。

就漢傳佛教而言，《大乘起信論》對漢傳佛教諸宗都有著深遠影響，尤其是對天台宗、華嚴宗、禪宗、淨土宗的影響皆頗為顯著。

天台宗的「真如緣起論」就借鑑了《起信論》中的「如來藏緣起論」，天台宗三祖慧思的《大乘止觀法門》自始至終都在闡釋《起信論》中的思想；講到「心生萬物」、「止觀法門」等觀點時，甚至直接引用《起信論》的一些原文來加以論證、闡述。

《大乘起信論》對華嚴宗的影響更為明顯。華嚴宗的實際創始人法藏就有《大乘起信論義記》三卷和《大乘起信論義記別記》一卷，進一步闡釋並發揮《起信論》的思想觀點。華嚴宗還直接繼承了《起信論》中的「法界緣起論」。華嚴宗五祖宗密在《原人論》中直接吸取《起信論》的「本覺」觀，甚至直接引用《起信論》原文來論證「空」，可見受其影響之大。

《起信論》思想與《楞伽經》有關，漢傳禪宗於五祖前皆以《楞伽經》驗證；因此，《起信論》思想受禪宗重視並接受是很自然的。禪宗五祖弘忍在《最上乘論》中提出「一乘」為宗；一乘就是「一心」，也就是《起信論》中的真如門。

《六祖壇經》也多處吸收《起信論》思想。例如，主張「自識本心，自見本性」，這裡的「本心」、「本性」就是《起信論》中所說的「本覺」；經中所主張的「真如是念之體，念是真如之用」，就接近於《起信論》中的心真如門和心生滅門；經中所提倡的「無念為宗」，就直接源於《起信論》的「若能觀察知心無念，即得隨順入真如門」的思想；在修行理論上，亦汲取《起信論》中的「一行三昧」等思想。

禪宗北宗創始人神秀所提的「五方便門」中，第一門就是「離念門」；所謂「離念」，就是離卻生滅妄念，回歸到真如本覺境地。這種思想完全取自《起信論》。

又因《起信論》強調「發心修行」的重要性，故對後世注重信願行的淨土宗也有一定影響。

總體而言，馬鳴菩薩所作的《大乘起信論》是珍貴的大乘佛法瑰寶，對大乘佛法的傳播產生巨大的推動作用，對於漢傳佛教諸多宗派的理論形成也有極為重要的影響。

貳·《大莊嚴論》賞析

觀察佛功德，一見皆滿足；戒聞及定慧，無與佛等者。
諸山須彌最，眾流海第一；世間天人中，無有及佛者。
能為諸眾生，具受一切苦；必令得解脫，終不放舍離。

《大莊嚴論》也被稱為《大莊嚴論經》，是古印度高僧馬鳴菩薩所撰寫的論書，後秦鳩摩羅什漢譯，全論共十五卷，收在《大藏經》的「本緣部」中。

論中內容有九十則有關佛陀本生的故事，以歷史傳記、寓言故事等體裁方式敘述種種因緣。其中另八十則故事，則以類似佛經的形式講述，經首以「我昔曾聞」作為開場白。

這八十則「我昔曾聞」的故事，包括譬喻、本生、因緣以及一般與佛教有關的故事。例如，敘述佛陀在世的事蹟；敘述佛陀度化除糞人尼提、慳吝長老首羅、剃髮師優波離、牧牛人、須達多長者之婢女福梨伽、波斯匿王等；敘述佛允大愛道出家、大愛道先佛入涅槃、佛止拘彌睒比丘瞋恚爭鬥之事；還敘述佛聲聞大弟子目犍連、舍利弗、億耳及佛滅後之尊者優波毱多、迦旃延等的事蹟；還敘述眾多國王，如獅子國王、罽尼吒王、難陀王、阿育王、薩多浮王、婆須王、阿越提國王、光明王、憂悅伽王、拘沙陀那王、盧頭陀那王，敬奉佛教的事。

最後十則是一般民間故事，被借用來譬喻佛理。

縱觀《大莊嚴論》中的故事，無論其本身屬於何種性質，作用都在於舉證、譬喻佛法。因此，《大莊嚴論》可以算作一部譬喻類佛教經典。

關於佛法正理的闡述

就總體框架而言，《大莊嚴論》的內容雖然都是故事，但是譬喻的宗旨可以分為兩大部分，一大部分是對佛法正理的闡述，另一大部分是對佛教信仰的闡述。

對於「中道」之強調

例如，《大莊嚴論》第五十八則故事，實際上表達的就是佛法修行的中道原理。這一則故事主要講的是釋迦牟尼成道後度化五比丘。其中提到，世尊學道時曾苦行六年，每天只吃一麻一米，但並沒有取得任何成就，反而餓得形容枯槁；於是釋迦牟尼開始進食百味，服用乳糜。當時跟隨他一起出家的五個人看到後便問：「之前修苦行尚且沒有收穫，何況食用乳糜呢？」說完這五人便離開了他，前往波羅㮈修行。

世尊成佛後，首先前去波羅㮈向憍陳如等五人傳法。這五人見到世尊相好莊嚴，內心非常恭敬，但也懷有疑惑，認為釋迦牟尼捨棄了苦行，沒有證得菩提。世尊瞭解到這五人內心執著苦行是正道，便為他們講述了佛法修行的中道原理：

唯智能除去，無智愚癡障；
是故須智慧，以護於身命。
有命得智慧，床褥衣服等，
飲食及湯藥，以此存身命。
若無如上事，此則身命壞；
以此護身命，堅持於禁戒。

持戒得定慧，不修苦行得；
自餓斷食法，不必獲於道。
身壞則命敗，命壞亦無身；
毀戒無禪定，無禪亦無智。
是故應護命，亦持於禁戒；
由持禁戒故，則獲禪智慧。
是故應遠離，苦惱壞法身；
亦離諸五欲，不應深樂著。
若樂著貪欲，則為毀禁戒，
復長於欲愛。
愚癡著苦行，自樂斷食法；
或食於草葉，臥灰棘刺上；

如是損身命，不能得定慧。
是故處中道，依止如是法；
莫沒欲淤泥，亦莫苦惱身；
有智應善別，如此二過患。
如月眾所愛，處中亦如是；
嗜欲深汙泥，人皆多沉沒；
苦行燋身心，亦不免此患。
捨離是二邊，中道到涅槃。

佛陀為這五人所說的就是中道修行的道理。唯有智慧能除去愚癡，而身體是得到智慧的基礎。床褥、衣服、飲食、湯藥等是維持身命所必不可少的，在此基礎上持戒，然後得定、修慧；只是，如果對於五欲享受生起貪執，就會影響持戒，無法精進修行。相反地，如果過度地修苦行，而不是從苦行中開發智慧，就只會損傷身體，失去了進一步修行的基礎。因此，佛法修行應當採取中道的方式，不偏不倚，以智慧觀照一切，從而證入涅槃。

佛陀進一步舉譬喻開示：

飲食及醫藥，房舍臥具等，
欲愛身命者，節量得時宜；
於此眾美饌，不應生染著，
亦不全捨離。
譬如大火聚，體性是燒燃；
智者隨時用，種種生利益，
然不為所燒。

佛陀認為，對於維持身命的各種物質條件要適量有節制，不應該生起貪染執著的心，但也不應該全部捨棄。就像點火需要用可燃的木材一樣，有智慧的人會隨時使用火來取暖、做飯等，但不會被火燒傷。因此，佛法的修行既不能沉溺於物質的享受，也不能偏執於極端的苦行，要走中道才能夠解脫。

《大莊嚴論》第七則故事所講述的佛法也是關於修行中道的，即如果執著於極端苦行，難以解脫。這則故事說——

曾經有一個人在路邊修苦行，周圍有人的時候他就臥在棘刺上，沒人的時候他就住在別的地方。有人見到以後就對他說：「你也可以慢慢地臥在刺上，何必縱身倒在刺上，對身體毀傷那麼嚴重？」苦行者聽後非常生氣，縱身向棘刺上倒去，痛苦比之前更加劇烈。

當時有一位佛教居士站在旁邊，苦行者見到以後擺動自己的身體，更加劇了痛苦。居士便告訴他，肉體的刺痛傷害是很淺的，創傷容易消失；而「貪瞋棘」帶來的心靈傷害則非常深，創傷歷劫都不會痊癒，所以應該迅速去除這深層的毒刺：

汝今應勤拔，心中深毒刺；
宜以利智刀，割斷貪瞋棘。
貪瞋深著人，世世不可祛；
愚小諸邪見，不識正真道。
苦身臥棘刺，以苦欲離苦；
人見臥棘刺，無不遠逃避。
唯汝於斯苦，抱持不放捨；
我見如此事，乃知有邪正。
是故重自歸，十力之世尊，
大悲拔眾苦，開示正道者；
涉彼邪徑眾，導以八正道。
外道邪見等，為苦所欺誑；

極為信著苦，流轉無窮已。
諸有智慧者，見此倍增信；
外道甚愚惑，苦盡得解脫。
出世大仙說，眾具悉備足；
得修八正道，修道故解脫。
以是故當知，安樂獲解脫；
非如汝外道，受苦得涅槃。
依心故造作，善惡等諸業；
汝當伏心意，何故橫苦身？

這則故事揭示的佛法就是：不能一味苦行，要真正從心靈上下功夫。外道想要用苦行的方式來達到離苦解脫的目的，這是一種愚癡；佛陀開示的八正道，才是獲得解脫的正確方法。八正道指的是正確的見解即「正見」，正確的思惟即「正思惟」，正確的話語即「正語」，正確的行為即「正業」，正確的生活即「正命」，勇猛精進的正確方式即「正精進」，正確的覺知即「正念」，正確的禪定即「正定」。善惡等業是受心的指使而造作的，所以應該調伏心意，不必執著於苦苦折磨身體。《大莊嚴論》中隨後舉反例論證，如果苦行是修行的正確道路，那麼地獄應是道；然而，地獄中眾生具受種種痛苦，但並不算是修行。苦行者反駁說：有人修苦行也可以轉生天界啊！佛教居士據此又說了一番道理：

諸仙生天上，非因臥棘刺；
由施戒實語，而得生天上。
汝雖作苦行，都無有利益；
猶如春農夫，不下於種子，
至秋無果實，而可得收穫。

汝等亦如是，不種善根子，
但修諸苦行，畢竟無所獲。
夫欲修道者，當資於此身，
以美味飲食，充足於軀命；
氣力既充溢，能修戒定慧。
斷食甚飢渴，身心俱擾惱；
不令心專定，云何獲聖果？
雖復食肴饍，不貪著美味；
但為戒實語，施忍及禪定，
斯等為種子，能獲善果報。

也就是說，得生天界的因是修布施、持戒和實語等善行，而非臥在棘刺上，所以苦行是沒有意義的；如同農夫在春天沒有播下種子，秋天自然沒有收穫。

想要修道的人，應當用飲食來滋養身體，氣力充足的時候才能修習戒、定、慧；斷食會又飢又渴，身體的痛苦會影響心的安定，如此怎能證得聖果？不過，雖然進用各種飲食，但不能貪執美味；飲食只是為了能夠修習持戒、實語、布施、忍辱和禪定，將這些作為種子，藉以收穫善的果報。因此，苦行如果用來磨礪心志，有一定用處；但是，過於執著於苦行，而不建立正確的見解，不從心地上下功夫，苦行和修道就是毫不相干的。

《大莊嚴論》第八則故事也談到了中道修行的道理。當時在賒伽羅國有一個婆羅門，在身體四周各置一堆火，頭頂上是炎炎夏日，身體被這五熱炙烤得焦爛。一位比丘尼見此景象對他說道：「你現在燒烤的只是你的身體，但是應該燒烤的東西卻還沒有燒烤。」婆羅門聽後心裡很惱怒，稱呼比丘尼為「惡剃髮者」，反問道：「何者可炙？」比丘尼回答，應該炙烤的是瞋忿之心。就像牛車不走，需要鞭策的是牛而不是車子；身體猶如車子，心猶如牛，所以應該炙心，折磨身體是毫無益處的：

心如城主，城主瞋恚；
乃欲求城，無所增益。
譬如獅子，有人或以，
弓箭瓦石，而打射之；
而彼獅子，逐逐彼人。
譬如癡犬，有人打擲；
便逐瓦石，不知尋本。
言獅子者，喻智慧人；
能求其本，而滅煩惱。
言癡犬者，即是外道；
五熱炙身，不識心本。

正如比丘尼所說，就像獅子會追逐用瓦石攻擊牠的人，智慧的人會尋求根本，進而滅除煩惱。而外道就像愚癡的狗，只會追逐瓦石，不會尋求根本，只是盲目虐待身體。

之後，比丘尼又舉了地獄眾生作為反例。但婆羅門在此做了辯解，說自己苦行是主動發心的行為，所以稱得上是修道；而地獄道眾生是被迫受苦，所以不能算是修道。比丘尼反駁道：「如果是主動發心就可以得福，小孩子拿著火把也可以得福；然而，實際上並不會得到福報。按此邏輯，五熱炙身也不會得到福報。」

婆羅門繼續辯解：「小孩子不懂事、沒有智慧，所以不會得福；而自己有智慧，所以會有福。」比丘尼說：「按這個邏輯，採珍珠的人不是小孩，而且非常辛苦才能得到珍珠，那採珠人也應該有福。」婆羅門只好把原因歸咎於採珠人有貪心，所以雖然辛苦但沒有福報。比丘尼反駁道：「你修苦行是貪求去天界享樂，按照你的邏輯你也應該無福。佛法中講，想要享受天界的快樂，需要修習實語等諸善功德，就像服用藥物後藥力必然會起作用。」

經過這一番辯駁，婆羅門徹底理屈詞窮，對佛法生起了清淨的信心。

通過佛陀、優婆塞佛教居士和比丘尼之口，馬鳴菩薩明確地表達了佛教對於苦樂的態度：既反對沉溺於欲樂，也否定極端的苦行；原因在於，這兩種行為都不是通往解脫的正確途徑。解脫的正道應是修習三學，即由戒生定、由定發慧；而這一切的基礎，是要有健康的身心條件。因此，飲食、衣服等維持身命的物質條件是必要的，但是不應貪圖享受這些物質條件，這樣會影響持戒。同時，也不應修極端的苦行來折磨肉體，這樣做對於解脫毫無益處；因為，身體的極端痛苦也會影響內心的平靜，從而無法得到禪定與智慧。應該捨離這兩個極端，在苦樂中尋得中道，才能更好地通往解脫之道。

佛法與外道之區別

《大莊嚴論》第二則故事則頗為複雜，深刻詮釋了佛法正道與外道的區別。

當時，有個名叫憍尸迦的婆羅門，對於僧佉論（即數論派）、衛世師論（即勝論派）、若提碎摩論這些外道的經論均十分精通，能明晰地了知它們之間的法義區別。有一次，這位婆羅門去城外的聚落探訪親友。當時，親友因某些事外出，並不在家。憍尸迦便對其家人說：「您家裡經書甚多，是否可以借我一閱？我一併讀後，等主人歸來上門奉還。」於是，親友的妻子便去取書，隨手拿到一本佛教的《十二緣經》便給了他。

得到經書後，憍尸迦便至樹林間的幽靜之處閱讀此經。當時他讀到「無明緣行，行緣識，識緣名色，名色緣六入，六入緣觸，觸緣受，受緣愛，愛緣取，取緣有，有緣生，生緣老病死憂悲苦惱，是名集諦。無明滅則行滅，行滅則識滅，識滅則名色滅，名色滅則六入滅，六入滅則觸滅，觸滅則受滅，受滅則愛滅，愛滅則取滅，取滅則有滅，有滅則生滅，生滅則老病死憂悲苦惱眾苦集聚滅。」初讀一遍，不能理解；再讀一遍，便明瞭了無我的道理。憍尸迦自言自語地說：「一切外道經論，都沒有出離生死的法門；唯獨此經書中，有出生死的解脫之法。」

親友回來以後，來到憍尸迦所在的地方。當憍尸迦得知，親友本來是想把此經文字洗掉來寫勝論派的經典時，與他展開了一場精彩的論辯，為親友講解了佛經的殊勝之處。他先是從因果觀的角度，指出了勝論派理論上的缺陷，其次對數論派的理論進行破斥。簡言之，他指出，數論派的根本經典《僧佉經》所說之能夠生發一切的世界本體或大神是不存在的。

親友聽後，對憍尸迦說：「你和釋迦族是一夥的，所以才這麼說。然而，佛法中也有大的過失。例如，佛說生死輪迴沒有本初，又說一切法中皆沒有

『我』。」

憍尸迦回答道：「我見佛法中說，生死沒有邊際，一切法均無我，所以才對佛法堅定敬信。如果有人認為有『我』，終究不能得解脫之道。如果知道了『無我』，則沒有了貪欲，沒有貪欲便能得解脫。再者，如果生死有初始，最初的身體是從善惡業緣而得？或者不從善惡因緣自然而有的呢？如果是從善惡因緣而得，就不能稱為『初始有身』；如果不從善惡因緣而得，善惡因果法則又從何而來？如果這樣說，則諸法有的是從因生，有的是不從因生，這樣的說法有大過失。所以，佛法講無始，沒有過錯。」

此時親友對憍尸迦說：「有繫縛才有解脫。你說無我，便沒有一個『誰』被繫縛；若沒有『誰』被繫縛，那麼又是『誰』得到了解脫呢？」

憍尸迦回答：「雖然沒有『我』，但一樣有繫縛和解脫。因為，被煩惱所覆蓋，便被它繫縛；如果斷除了煩惱，便能得到解脫。所以，雖然無我，但仍有繫縛和解脫。」

親友又提出了一個問題：「如果無我，那麼是誰轉生到了後世呢？」

憍尸迦說：「從過去的煩惱諸業，得到了現在身和諸根，從現在又造諸業，由此因緣得到未來身和諸根。我樂意用譬喻來闡明此義。譬如穀子，眾緣和合的緣故得以生芽；然而，這個種子實際上沒有生出芽，只是種子這個狀態滅掉所以芽便增長了。種子消失了，所以稱為『不常』；芽生了出來，所以稱為『不斷』。佛說受身也是如此，雖然無我，但業報不會丟失。」

親友繼續問：「若沒有『我』，之前所作的事為何能回憶起來而不忘失？」

憍尸迦回答：「因為有一個覺知憶念的心所和心相應，便能夠憶念三世之事而不忘失。」

親友又問：「如果無我，過去已滅，現在心生，生滅既異，為何而得憶念不忘？」

憍尸迦回答：「一切受生，『識』都如種子般，入母胎之田；因『愛』水的潤澤，而長出『身』樹；正如胡桃子般，隨各自的同類而生長。此蘊造業，能感召後蘊；但此前蘊並不生出後蘊，以業力的緣故而受後蘊。生滅雖異，但相續不斷。正如嬰兒生病，給哺乳的母親服藥，嬰兒的病患便能痊癒；母親雖然不是孩兒，但藥力卻能延及於兒。蘊也是這樣，因為有業力，便受生後蘊，能憶念不忘失。」

之後，憍尸迦為他們誦讀了《十二因緣經》，說道：「無明緣行，行緣識，乃至生緣老死憂悲苦惱。無明滅則行滅，乃至老死滅，故憂悲苦惱滅。因為依賴於眾緣的和合，所以沒有一個獨立的主宰，便能從其中領悟『無我』。再次，因有身體的緣故，便有心；因有身心諸根的緣故，有識、解、分別的功用。我領悟此事，便瞭悟了『無我』。」

由此，親友逆、順地觀察十二因緣的義理，內心深生信解，對佛法表示了讚歎。

這個故事揭示了佛法正道與外道的區別。外道或是執著於有，尤其是相信有一個創造世界的大神存在；或是執著於無，即認為身體滅掉了就什麼都沒有了。當時的外道中，婆羅門教和耆那教屬於「常見」，順世論則屬於「斷見」。因為，婆羅門教，包括最初奧義書中的主要哲理和後來的所謂六派哲學，一般主張「梵」或「阿特曼」（小我）存在，耆那教主張有「命我」存在。順世論則反對有一個主宰者或控制意識的獨立實體的觀點，認為身體如果解體了，意識也就不復存在了，否定輪迴解脫的理論，故稱之為「斷見」。

佛法正理，則正如馬鳴菩薩在《大乘起信論》裡所說的「一心二門」，真如是本體，生滅是現象；只有離開「常見」和「斷見」這兩者典型的外道邪見，以一心二門的中道觀來修行才是正確的道路。

《大莊嚴論》用了很多篇幅來讚美佛陀，以純粹信仰的方式宣揚了佛教。

《大莊嚴論》第六十八則故事中有這樣一段對佛的描述：

> 如來面貌猶金山頂光明照曜，是上丈夫名為蓮華，丈夫拘物頭、丈夫分陀，能斷貪欲瞋恚愚癡諸有結使，及以四縛……佛身微妙如融金聚，舌相廣長如蓮華葉，無有垢穢清淨鮮潔。其腹平滿，其臍右旋，猶如香奩。圓光一尋猶如電明，亦如真金……三十二相、八十種好以自莊嚴，猶如綵畫。

第六十一則故事講佛陀在度化牧牛人時，從毛孔中放光令其生起歡喜心和希求心：

> 爾時世尊大眾圍繞坐於樹下，知牧牛人來至林中，即為牧牛人於身毛孔出諸光明，其光照曜映蔽林野，如融金聚，又如雨酥降注火中，牧人視之無厭，

即生希有難見之想。

以上兩則都是對佛陀莊嚴寶相的描述。

一般而言，對佛陀相貌的描繪有「三十二相、八十種好」的說法。所謂「三十二相、八十種好」，是指佛弟子所認定佛陀外在身相的特質，即三十二種殊勝容貌以及八十種微妙形相。其中，「三十二相」又稱為三十二大丈夫相，或略稱為大人相、大士相、大丈夫相。「三十二相」的具體內容在各經典中有不同的說法，但都不外乎以下的幾項，即足、手、指、皮膚、毛髮、齒、舌、聲音、眼、眉間等。

「三十二相」並不是佛教所特有之說，而是印度一般普遍流行的傳說。依據婆羅門教的吠陀所說，具足三十二相的大丈夫，在家會成為轉輪聖王，以正法統治四海；若是出家，則成為正等覺者以引導眾生。「八十種好」或稱八十隨形好，乃是依「三十二相」做更微細的描述。佛經中經常把此二者合稱為「相好」，也成了對佛身相的獨特描述。

不過，《大莊嚴論》在讚頌佛相好光明的同時，還強調了正確見解的重要性，不僅要重視佛的莊嚴寶相，更要學習佛法的正確道理。修行人要證悟真理，樹立起正知見，這樣就不會被天魔外道所現的外相所迷惑。

《大莊嚴論》第四十八則故事講：曾經有一位首羅居士，性格非常慳吝，佛陀的大弟子摩訶迦葉、舍利弗、目犍連等尊者次第去他家裡乞食，他都不願意接待供養他們。某天，佛陀也走到他家，然後對這位首羅居士說：「你現今應該要修五大施。」首羅居士一聽，心裡就產生很大的苦惱，他心裡想：「我連一點點飯都不想布施，竟然教我作五大施，難道佛陀沒有其他可說的嗎？弟子教人布施，今天世尊來到這也教我布施。」想到這便對佛說：「世尊！我連細小的布施都做不到，何況是五大施呢？」佛陀就告訴首羅居士說：「不殺名為大施，不盜、不邪淫、不妄語、不飲酒也是，你這樣作就是五大施。」

聽完以後，首羅居士非常高興；他心想，這五件事不會讓他損失毫釐，又能得大施，何樂不為呢？想到這裡，他就對佛陀產生了非常歡喜、信受、敬愛的心，立刻去庫藏中取出細毛布來布施供養佛陀。佛陀知道，為首羅居士說法的機緣已經成熟，便為他講法開示，首羅居士當即證得了初果。隨後，佛陀和弟子們就離開了。首羅居士非常歡喜地送回佛陀，返回家中，心中還是十分欣喜。

此時，魔王看到他這麼歡喜，便打算去破壞他的善心。於是，魔王也變化成佛身三十二相、八十種好來到首羅居士家，屋子立刻光芒遍照。首羅居士心想，自己有大福報，佛陀再次來到了家中。這時魔王對他說：「我先前說的修八正道、滅五受陰是邪說。」首羅居士聽後心裡生疑：相貌跟佛很相似，說的卻與佛不同。仔細審量後，首羅居士確定這是魔王，便說了一首偈：

鵝翅扇須彌，尚可令傾動；

欲令見諦心，傾動隨汝者，
終無有是處。
汝可惑肉眼，不能惑法眼；
佛知此事故，而作如是說。
肉眼甚微劣，不能別真偽；
若得法眼者，即見牟尼尊。
我得法眼淨，見於滅結者；
終不隨汝語，汝徒自疲勞，
不能見惑亂。
吾今諦知汝，實是惡波旬；
見四真諦人，終不可移動。
如以金塗錢，欲誑賣金家，

此事亦難成。外現其金相，
其內實是銅；猶如以虎皮，
用覆於驢上。
形色惑肉眼，出言知汝虛。

首羅居士的偈子是說：如果鵝的翅膀一直扇須彌山，須彌山尚且可能被扇動；但要影響到一個證悟真理的人，最終只是徒勞。眾生的肉眼可以被迷惑，但是沒有辦法迷惑眾生的法眼。肉眼其實是無常微劣的，並沒有辦法辨別真偽；但是得到法眼的人，就真正地見到佛的法身。在得到法眼的人看來，魔王的行為就像把銅錢塗成金色去欺騙賣金子的人，或是用虎皮披在驢子身上偽裝老虎一樣愚蠢可笑。修行人有實證的功德，自然就不會被外道這樣的邪見、邪說所迷惑。

魔王被識破後，只得落荒而逃。

禮佛、讚佛、念佛之功德福報

《大莊嚴論》除了讚美佛的莊嚴寶相之外，還對禮佛、讚佛、念佛的功德福報進行了大量描述，如第五十四則故事開頭主旨所說「佛觀久後，使得信心」。故事講的是——

尊者優波毱多有一次在樹下禪坐，魔王波旬趁機將花鬘掛在尊者脖子上；尊者入定知道是波旬所作，便用神通力將死屍繫在魔王脖子上。魔王使盡了神通也無法把死屍去掉，只好向尊者頂禮，請求尊者幫助。

尊者便與魔王約定：第一，從今起不能再觸惱比丘；第二，由於自己是在佛滅後百年才出生，只見到佛的法身，很遺憾沒有見到佛的金色身，因此要魔王示現佛陀的形象來彌補這一缺憾。魔王聽後也與尊者約定，見到佛相後千萬不要禮拜。互相達成約定，尊者為魔王除去了屍體，魔王於是進入樹林，現作佛的形象，三十二相八十種好，光明照耀，又化現出佛的各大弟子及眾多比丘前後圍繞。

尊者見後極生歡喜，立即從座位上起來，五體投地進行頂禮。魔王見狀大吃一驚地說：「大德為何違反約定啊？」尊者說：「我是禮佛，不是禮拜你。」魔王沒有明白，尊者進一步以譬喻為其開示：

喻如以泥木造作佛像，世間人天皆共禮敬；爾時不敬於泥木，欲敬禮佛故。

我禮佛色相，不為禮魔形。

魔王聽後恢復了本形，頂禮尊者後回到了天上。尊者在此揭示出，禮拜佛像並不是去禮敬泥塑木雕，而是禮敬佛、禮敬覺悟者、禮敬佛所代表的法。通過拜佛像的形式增長對佛的信仰，這才是拜佛的真實含義。

《大莊嚴論》第五十五則故事講的則是讚歎佛能得大果報，被眾人所恭敬。迦葉佛時曾有一法師為眾人講法，在大眾中讚歎迦葉佛，以此因緣命終後投生天界，常受快樂；在阿育王時期，轉生為證得阿羅漢果的比丘，口中經常發出妙香。比丘說法時香味傳到了王宮，阿育王聞到後非常驚訝，便問比丘是何原因。

比丘以此機緣為阿育王開示了讚佛的功德：

我於大眾中，贊佛實功德；
由是因緣故，名稱滿十方。
說佛諸善業，大眾聞歡喜；
形貌皆熙怡，由前贊佛故；
顏色有威光，說法得盡苦。
彼如來所說，與諸修善者，
作樂因緣故，得樂之果報。
云何名之佛，說言有十力；
諸有得此法，不為人所輕。

況諸說法者，升於法座上，
贊立佛功德，降伏諸外道。
以贊佛德故，獲於上妙身；
便為諸人說，可樂之正道。
以是因緣故，猶如秋滿月，
為眾之所愛，贊歎佛實德。
窮劫猶難盡，假使舌消澌，
終不中休廢，常作如是心。
世世受生處，言說悉辯了；
說佛自然智，增長眾智慧。
以是因緣故，所生得勝智。
說一切世間，皆是業緣作；

聞已獲諸善，由離諸惡故。
生處離諸過，貪瞋我見等；
如油注熱鐵，皆悉消涸盡。
如此等諸事，何處不適意。
我以因緣箭，壞汝諸網弓；
復已言辯父，思惟善說母。

這段偈子說明了讚美佛祖所能得到的巨大福報，能夠消除業障，開啟智慧；只要誠心誠意地讚美佛祖，就一定能獲得不可思議的功德福報。

阿育王聽了這首偈子後非常歡喜，馬上恭敬地站起來合掌行禮，也說了一首偈子：

聞說我意解，歎佛功德果；
略而言說之，常應贊歎佛。

《大莊嚴論》第五十七則故事講到念佛的功德。當時有一人發心出家，他來到僧團時恰逢佛陀外出教化，便去找佛陀的弟子舍利弗。舍利弗觀察此人的因緣，發現在百千劫中此人都沒有種過善根，於是拒絕度他。此人又去找其他比丘，其他比丘聽說舍利弗不度他，他們也紛紛拒絕。出家的心願不能滿足，這個人難受地在僧團門口大哭。這時佛陀回來了，問清緣由後為他剃度出家，此人立刻證得了阿羅漢果。

舍利弗問佛：「此人種了什麼善根，能如此快速得到這樣的福報？」佛說：「他的因緣非常微小，不是辟支佛的境界所能觀察到的。他過去生曾是一個窮人，進山砍柴時遇到了老虎，因為害怕而稱念『南無佛』，因此種下了解脫因。」由此可見念佛的功德殊勝。

佛陀告訴舍利弗之後，即說偈言：

我觀此善根，極為甚微細；

猶如山石沙，融消則出金。
禪定與智慧，猶如雙鞲囊；
我以功力吹，必出真妙金；
此人亦復爾，微善如彼金。
唯見此稱佛，以是為微細；
因是盡苦際，如是為善哉。
至心歸命佛，必得至解脫；
得是相似果，更無有及者。

禮佛動機與外道信仰之區別

在釋迦牟尼佛涅槃後，佛弟子透過供奉佛陀舍利、遺物以及於遺跡處建立佛塔來懷念佛陀，興起了佛塔崇拜。《大莊嚴論》中有多處稱揚禮拜佛塔，或者用珠寶、花飾以及金錢供養佛塔的功德。

《大莊嚴論》開篇第一則故事講的就是，一位乾陀羅國的商人優婆塞，來到摩突羅國後天天前往佛塔恭敬禮拜。沿路的婆羅門都嘲笑他的行為，問他為何不禮拜外道的摩醯首羅（大自在天）和毗紐天（毗濕奴），而是禮拜佛塔？優婆塞為他們講述了佛陀功德的殊勝之處，令諸婆羅門對佛教生起了信心。

這則故事不僅讚美了禮拜佛塔的功德，而且通過與外道婆羅門的辯論，展現了佛道正法與外道思想的根本區別——

當聽說優婆塞要去禮拜佛塔時，諸多婆羅門外道紛紛嘲笑，並認為禮拜神靈（摩醯首羅、毗紐天）更好，因為神靈威力無邊：

阿修羅城郭，高顯周三重；
懸處於虛空，男女悉充滿。

我天彎弓矢，遠中彼城郭；

一念盡燒滅，如火焚乾草。

優婆塞聽了之後，反駁說：「你們崇拜的都是有生有滅的神靈，而且崇尚暴力，這怎麼是正確的信仰呢？」

婆羅門外道一起呵斥優婆塞，認為優婆塞是個不懂道理的愚癡之人，他們說：「我們崇拜的神靈有大威力，能夠輕易殺死諸多人，崇拜他就能得到保護。」

優婆塞長嘆一聲，說偈一首：

美惡諦觀察，智者修善業。

能獲大果報，後則轉受樂；

云何於過惡，反生功德想？

邪見既增長，嘆惡以為善；

以是惡業故，後獲大苦報。

優婆塞認為，這些婆羅門才真的是愚癡；殺業就是惡業，怎麼可能因為惡業而得到善報呢？惡業只能招來大苦報。

諸婆羅門外道厲聲呵斥，認為優婆塞不敬諸天神靈，實在是不吉祥的蠢人。優婆塞再說偈言：

汝等所供養，凶惡好殘害；
汝若奉事彼，以為功德者，
亦應生恭敬，獅子及虎狼。
觸惱生殘害，惡鬼羅剎等；
愚人以畏故，於彼生恭敬。
諸有智慧者，宜應深觀察；
若不為殘害，乃可生恭敬。

諸有功德者，終無殘害心；
修行諸惡者，無不壞殘害。
不能善分別，功德及過惡；
功德起惡心，過生功德想。
殘害逼迫者，凡愚增敬順；
於善功德者，反生輕賤心。
世間皆顛倒，不別可敬者。
乾陀羅生者，解知別善惡；
是故信如來，不敬自在天。

優婆塞對婆羅門宣說，如果你們要崇拜擁有暴力進行殘害的神靈，那麼你們也應該崇拜獅子和虎狼，甚至惡鬼羅剎，因為他們同樣暴力。如此則是顛倒黑白，善良的不去尊敬，反而輕賤；邪惡的不去擯棄，反而恭敬。

諸婆羅門外道更加憤怒，就問優婆塞：「你說佛陀無比偉大，那麼佛陀有什麼偉大的力量沒有？能不能憑藉這些力量去傷害別人、取得勝利？如果這些力量都沒有，有什麼值得信仰的？我們信仰的這些神靈可是能夠用密咒傷人的。」

優婆塞說：「佛陀的智慧至高無上，但是佛陀從來不用密咒等方式來傷害任何眾生；因為，佛陀教化眾生的目的是讓眾生得到解脫，而不是因為造作惡業而墮落三惡道。」即說偈一首：

以貪瞋癡故，則作大惡咒；
當結惡咒時，惡鬼取其語；
於諸罪眾生，而行惱害事。
佛斷貪瞋癡，慈悲廣饒益；
永除惡咒根，但有眾善事。

是故佛世尊，都無有惱害；
以大功德力，拔濟無量苦。
汝今何故言，佛無大勢力？

優婆塞又反駁婆羅門，如果用貪瞋癡的心去作大惡咒，實際上是惡鬼附體，對於眾生是一種煩惱殘害。佛陀主張的卻是勤修戒定慧，消滅貪瞋癡，永遠根除惡咒之心，使得眾生都沒有煩惱，也不受殘害。佛陀以最偉大的功德力量，讓無量眾生離苦得樂，怎麼能說佛陀沒有大勢力呢？

諸婆羅門聽了之後有所沉思，於是又問：「如果佛陀不行惡咒之事，佛陀憑藉什麼得到供養？」優婆塞回答說：「佛陀大慈大悲，只是想救度眾生，根本就不希求供養，只是為了眾生培養福德而接受供養而已。」即說偈一首：

大悲愍群生，常欲為拔苦；
見諸受惱者，過於己自處。

云何結惡咒，而作惱害事？
眾生體性苦，生老病死逼；
如癰著燥灰，云何更加惡？
常以清涼法，休息諸熱惱。

優婆塞讚歎佛陀：佛陀憐憫眾生，根本不會行所謂惡咒之事，而是處處為眾生著想，希望處於生、老、病、死中的苦難眾生藉由清涼佛法的修行，斷除煩惱，獲得解脫。

諸婆羅門聽了之後更是低頭沉思，於是優婆塞再說一偈：

觀察佛功德，一見皆滿足；
戒聞及定慧，無與佛等者。
諸山須彌最，眾流海第一；
世間天人中，無有及佛者。

能為諸眾生，具受一切苦；
必令得解脫，終不放捨離。
誰有皈依佛，不得利益者？
誰有皈依佛，而不解脫者？
誰隨佛教旨，而不斷煩惱？
佛以神足力，降伏諸外道；
名稱普遠聞，遍滿十方剎。
唯佛師子吼，說諸行無我；
所說恆處中，不著於二邊；
天上及人中，皆作如是說；
不能善分別，結使諸業報。
如來涅槃後，諸國造塔廟；

莊嚴於世間，猶虛空星宿。
以是故當知，佛為最勝尊。

優婆塞再讚歎佛陀功德：佛是最值得恭敬信仰的至高智慧者，只要皈依佛，依教奉行，一定能獲得大福報、大解脫。佛法如獅子吼，破除一切外道邪見，是眾生修行的唯一正道。佛陀涅槃後，各地建有莊嚴佛塔，禮拜這些佛塔就是禮拜佛陀，能夠獲得大利益，這是每個人都應當做的事情。

諸婆羅門聽到優婆塞的偈子後，有的生出了對佛法的信心，有的立刻出家為僧，有的甚至悟道得道。

《大莊嚴論》第三十一則故事講：「若人欲得福德，宜應禮拜佛之塔廟。」——

當時有一個國王名真檀迦膩吒，他率領大軍征討東天竺，取得了勝利，班師回國。路過一片叢林，大軍歇息。國王看見遠處有一座石塔，看起來似乎是佛塔，於是帶領侍從等千餘人前去禮拜。國王非常崇信佛法，為表示對佛法的恭敬，他在離著石塔不遠之處下馬，然後步行過去。到了石塔跟前，國王整肅衣冠，畢恭畢敬地禮拜下去，並說偈言：

離欲諸結障，具足一切智；
于諸仙聖中，最上無倫匹。
能為諸眾生，作不請親友；
名稱世普聞，三界所尊重。
棄捨於三有，如來所說法；
諸論中最上，摧滅諸邪論。
我今歸命禮，真實阿羅漢。

當國王畢恭畢敬地禮拜石塔的時候，忽然一聲巨響，石塔竟然倒塌了！猶如暴風吹過一樣，石塔碎成灰塵而被大風吹走了。國王大吃一驚，心裡想：「這件事情非常怪異！我以前恭敬佛塔、禮拜佛塔，從無異相，今天怎麼會出現這種事情？」

這時候，附近的村民聞訊過來，一位長者向國王說：「大王，這座石塔並非佛塔。大概是因為這座塔沒有功德威力，又沒有舍利子加持，所以難以承受大王的恭敬禮拜，所以才碎壞了。」

國王聽了之後才安心下來，流淚說：

此事實應爾，我以佛想禮，
此塔必散壞；龍象所載重，
非驢之所堪。
佛說三種人，應為起塔廟；
釋迦牛王尊，正應為作塔。
尼揵邪道滅，不應受是供；

不淨尼揵子，不應受我禮。

此塔崩壞時，出於大音聲，

喻如多子塔。

佛往迦葉所，迦葉禮佛足；

是我婆伽婆，是我佛世尊。

佛告迦葉曰，若非阿羅漢，

而受汝禮者，頭破作七分。

我今因此塔，驗佛語真實。

國王道出佛陀之開示：佛陀說過，只有三種具備大功德的聖人才配享有佛塔，其他一切外道都不能承受。佛陀當年接受迦葉的禮拜，曾對迦葉說：「如果有人接受你的禮拜，卻不是阿羅漢的話，將因無法承受而頭破。」這座佛塔承受國王的禮拜而碎壞，驗證了佛陀所說真實無虛。

第六十六則故事講：「供養佛塔功德甚大」。第八十則故事則講：「佛塔有大威神，是故宜應供養佛塔。」這些故事說明了，透過佛塔崇拜來表達對佛陀的懷念、尊敬、追慕，這種風氣逐漸蔓延開來，對佛教的廣泛傳播產生重要作用。

總體而言，《大莊嚴論》以故事的形式傳播佛法，讓深奧嚴肅的佛法真理變得生動感人，為佛教在大眾中的傳播有著非常好的推動作用。

參・《佛所行讚》敘事詩賞析

佛於彼七日，禪思心清淨；觀察菩提樹，瞪視目不瞬；
我依於此處，得遂宿心願。
安住無我法，佛眼觀眾生；發上哀愍心，欲令得清淨。

馬鳴菩薩的《佛所行讚》（Buddhacarita）是一部長篇敘事詩；顧名思義，就是對釋迦牟尼佛的一生所作的傳記。《佛所行讚》是現存最古老的長篇敘事詩，文筆優美，結構嚴謹，義理深邃而通俗。在馬鳴菩薩當世就已經風靡整個天竺，甚至後世有關佛陀的雕塑、繪畫等都取材於《佛所行讚》的內容，對佛教的傳播有其重要影響。

就佛教文學來說，有關佛陀或高僧的傳記是非常重要的內容；這類傳記，無論是對佛法的弘揚，還是作為文學作品對世俗文學的影響，都非常重要。馬鳴菩薩作為古印度著名的佛學家、文學家，他最著名的作品《佛所行讚》由北涼天竺三藏曇無讖翻譯，五卷二十八品，約九千三百句，是一部近五萬字的五言長篇敘事詩，這也是古代漢語最長的敘事詩。

馬鳴菩薩不僅是一代高僧，是大乘佛法的重要傳播者，是西天禪宗十二祖，而且文學地位極高；因為《佛所行讚》等作品的巨大影響，使得他也被後世譽為印度文學史上古代六大詩人之一，也有人評價他是古代世界十大詩人之一。

《佛所行讚》的主要內容就是佛陀「八相成道」的過程，即：佛陀降兜率天宮；因緣成熟後從淨飯王夫人摩訶摩耶的左肋入胎；自摩耶夫人右肋出胎成為悉達多太子；二十九歲時決定出家修道；六年修行之後，太子靜坐菩提樹下降服各種魔障；臘月初八太子夜睹明星悟道；悟道之後，佛陀四處傳法四十九年；八十歲時入涅槃。馬鳴菩薩透過詩歌的形式把佛陀的一生栩栩如生地描繪出來；其文筆之典雅優美，語境之生動感人，令人歎為觀止。

佛陀降生

《佛所行讚．生品第一》，講述的是佛陀降生的過程。佛陀降生之後，一個仙人特來看太子，忽然流淚嘆息；國王心驚膽戰，急忙問原因。仙人說，並不是太子性命有危險，而是因為太子乃是大聖人降生，將要弘揚佛法正道；可惜自己年老體衰，等不到太子成道就要離開世間了。馬鳴菩薩用精煉優美的文字將這一故事繪聲繪色地描述出來，這一故事也很快地傳播天竺各地——

仙人知父王，心懷大憂懼；
即告言大王，王今勿恐怖。
前已語大王，慎勿自生疑；

今相猶如前，不應懷異想；
自惟我年暮，悲慨泣嘆耳。
今我臨終時，此子應世生；
為盡生故生，斯人難得遇。
當捨聖王位，不著五欲境；
精勤修苦行，開覺得真實；
常為諸群生，滅除癡冥障；
於世永熾燃，智慧日光明。
眾生沒苦海，眾病為聚沫；
衰老為巨浪，死為海洪濤；
乘輕智慧舟，渡此眾流難。
智慧泝流水，淨戒為傍岸；

三昧清涼池，正受眾奇鳥。
如此甚深廣，正法之大河；
渴愛諸群生，飲之以蘇息。
染著五欲境，眾苦所驅迫；
迷生死曠野，莫知所歸趣；
菩薩出世間，為通解脫道。
世間貪欲火，境界薪熾然；
興發大悲雲，法雨雨令滅。
癡闇門重扇，貪欲為關鑰；
閉塞諸群生，出要解脫門；
金剛智慧鑷，拔恩愛逆鑽。
愚癡網自纏，窮苦無所依；

法王出世間，能解眾生縛。
王莫以此子，自生憂悲患；
當憂彼眾生，著欲違正法。
我今老死壞，遠離聖功德；
雖得諸禪定，而不獲其利。
於此菩薩所，竟不聞正法；
身壞命終後，必生三難天。

《佛所行讚．處宮品第二》講述的是，淨飯王擔心太子會像仙人說的那樣出家修道，於是就讓太子盡情享受，滿足太子的各種欲望，希望能夠留住太子，不讓太子生出出家的心思——

唯願令太子，愛子不捨家；
一切諸國王，生子年尚小。

不令王國土，慮其心放逸；
縱情著世樂，不能紹王種。
今王生太子，隨心恣五欲；
唯願樂世榮，不欲令學道。
過去菩薩王，其道雖深固；
要習世榮樂，生子繼宗嗣；
然後入山林，修行寂默道。

《佛所行讚・厭患品第三》講述的是，太子出宮之時，看到了人們年老體衰乃至死亡的悲慘景象，於是生起了大恐怖、大憂患之心。當時淨居天天人為了點化太子，先後化身年老體衰的病人以及死者，從而讓沉溺於欲望享受的太子生起了恐怖、憂患之心，進而生發出超越生老病死的求道之心。

時彼淨居天，復化為死人；

四人共持輿，現於菩薩前；
餘人悉不覺，菩薩御者見。
問此何等輿，幡花雜莊嚴；
從者悉憂戚，散髮號哭隨。
天神教御者，對曰為死人。
諸根壞命斷，心散念識離；
神逝形乾燥，挺直如枯木。
親戚諸朋友，恩愛素纏綿；
今悉不喜見，遠棄空塚間。
太子聞死聲，悲痛心交結。

《佛所行讚·離欲品第四》講述的是，太子回到王宮，對於美女娛樂等毫無興趣，擔憂老、病、死，開始生出離欲求道之心。淨飯王見了很傷心，想起仙人曾經說過的話，害怕太子出家，於是召集大臣商議。大臣們說，還是只能用眼、耳、鼻、舌、身的五欲享樂來拴住太子的心。

思惟老病死，卒至不預期；
晝夜忘睡眠，何由習五欲？
老病死熾然，決定至無疑；
猶不知憂慼，真為木石心。
太子為優陀，種種巧方便；
說欲為深患，不覺至日暮。
時諸婇女眾，伎樂莊嚴具；
一切悉無用，慚愧還入城。
太子見園林，莊嚴悉休廢；
伎女盡還歸，其處盡虛寂；

倍增非常想，俯仰還本宮。
父王聞太子，心絕於五欲；
極生大憂苦，如利刺貫心。
即召諸群臣，問欲設何方？
咸言非五欲，所能留其心。

《佛所行讚．出城品第五》講述的是，太子還是決心出家，淨飯王非常傷心，流淚勸說太子：應當讓父王先出家，太子先治理國家之後才能出家。但是太子出家求道之心非常堅決，不可動搖——

汝心雖樂法，未若我是時；
汝應領國事，令我先出家；
棄父絕宗嗣，此則為非法。
當息出家心，受習世間法；

安樂善名聞，然後可出家。

太子出家之心堅定，再看那些美貌的伎女時，與先前的印象相比，完全是另外一番景象。在對女子姿態的描述中，所用詩句複雜典雅，展示了極高的文學技巧。前一段是寫美麗宮女誘惑太子，後一段寫伎女睡態的醜陋；前後對照，更加表現出太子不惑於女色的堅定意志。

從佛法看，這也是「不淨觀」的形象說明，即透過觀察肉體的不潔，乃至屎尿膿血等汙穢，生起不執著身體的清淨心，從而達到禁絕欲望享樂、一心求法的目的。太子一心只求無上道，於是深夜出宮而去——

厭諸伎女眾，悉皆令睡眠；
容儀不斂攝，委縱露醜形。
惛睡互低仰，樂器亂縱橫；
傍倚或反側，或復似投深；

纓絡如曳鎖，衣裳絞縛身；
抱琴而偃地，猶若受苦人。
黃綠衣流散，如摧迦尼華；
縱體倚壁眠，狀若懸角弓；
或手攀窗牖，如似絞死屍。
頻呻長欠呿，魘呼涕流涎；
蓬頭露醜形，見若顛狂人。
華鬘垂覆面，或以面掩地；
或舉身戰掉，猶若獨搖鳥。
委身更相枕，手足互相加；
或顰蹙皺眉，或合眼開口；
種種身散亂，狼藉猶橫屍。

《佛所行讚・車匿還品第六》講述的是，太子矢志不渝，誓求無上大道，於是深夜出王宮而去；僕從車匿跟隨，苦勸太子回宮。太子不為所動，對車匿說：「世間再濃的親情也不得不離別，正如我的母親從來沒有機會撫養我一樣。生、老、病、死是人生大苦，我一定要出家修道，去洞徹宇宙人生的至高真理，以救助包括親人在內的無量眾生。」太子對車匿講述了自己出家求道的志向後離去。車匿不得不返回王宮……

太子聞車匿，悲切苦諫言；
心安轉堅固，而復告之曰：
汝今為我故，而生別離苦；
當捨此悲念，且自慰其心；

眾生各異趣，乖離理自常。
縱令我今日，不捨諸親族；
死至形神乖，當復云何留？
慈母懷妊我，深愛常抱苦。
生已即命終，竟不蒙子養；
存亡各異路，今為何處求？
曠野茂高樹，眾鳥群聚棲；
暮集晨必散，世間離亦然。
浮雲興高山，四集盈虛空；
俄而復消散，人理亦復然。
世間本自乖，暫會恩愛纏；
如夢中聚散，不應計我親。

《佛所行讚・入苦行林品第七》講述的是，太子修道之初，遇到的是一群修苦行的人；他們修行種種苦行，目的卻不是洞悟真理，而是為了生天享樂。這些梵志都屬於外道修行者，雖然種種苦行驚世駭俗，但並非心性修養的正道——

太子亦謙下，敬辭以問訊。
菩薩遍觀察，林中諸梵志；
種種修福業，悉求生天樂。
問長宿梵志，所行真實道；
今我初至此，未知行何法？
隨事而請問，願為我解說。
爾時彼二生，具以諸苦行；
及與苦行果，次第隨事答。
非聚落所出，清淨水生物；

或食根莖葉，或復食華果。
種種各異道，服食亦不同；
或習於鳥生，兩足鉗取食。
有隨鹿食草，吸風蟒蛇仙；
木石舂不食，兩齒齧為瘢。
或乞食施人，取殘而自食；
或常水沐頭，或復奉事火；
水居習魚仙，如是等種種。
梵志修苦行，壽終得生天。

《佛所行讚・合宮憂悲品第八》講述的是，僕從車匿返回王宮後，將太子已經出家修道的消息告訴眾人，眾人都流淚悲戚。詩歌藉由眾人表情、神態的描述，生動地將眾人的悲戚之情表現出來。一方面說明眾人對太子的依戀喜愛之情，另一方面也說明了太子出家修道的不易，並襯托出太子求道的堅定決心。

那個時候，太子不僅有妻子，而且還有兒子羅睺羅，父王也想他繼承王位；在這種榮華富貴的環境中生出修道之心，是非常不容易的。羅睺羅後來跟隨佛陀出家，成為佛陀十大弟子之一，有「密行第一」的美稱——

眾見車匿還，不見釋王子；
舉聲大號泣，如棄羅摩還。
有人來路傍，傾身問車匿；
王子世所愛，舉國人之命。
汝輒盜將去，今為何所在？
車匿抑悲心，而答眾人言：
我眷戀追逐，不捨於王子；
王子捐棄我，並捨俗威儀；

剃頭被法服，遂入苦行林。
眾人聞出家，驚起奇特想；
嗚咽而啼泣，涕淚交流下。

《佛所行讚·推求太子品第九》講述的是，淨飯王派大臣前去勸太子返回，太子拒絕了大臣的勸說，王公大臣都無法說服太子。這段詩歌表達了悉達多太子一心求道的決心，即便日月墜地、山川變換，此心也永不改變。短短十幾句詩歌，就把太子求道的決心非常生動地表現出來，體現了極高的文學水準——

我今當為汝，略說其要義。
日月墜於地，須彌雪山轉；
我身終不易，退入於非處。
甯身投盛火，不以義不畢；

還歸於本國，入於五欲火。
表斯要誓已，徐起而長辭。
太子辯鋒炎，猶如盛日光；
王師及大臣，言論莫能勝。
相謂計已盡，唯當辭退還；
深敬嘆太子，不敢強逼留。

《佛所行讚．瓶沙王詣太子品第十》講述的是，悉達多太子到了瓶沙王所在之處，由於太子寶相莊嚴，威儀自在，使得萬眾圍觀奉迎，瓶沙王由此生起與太子相見之心——

爾時瓶沙王，處於高觀上；
見彼諸士女，惶惶異常儀；
敕召一外人，備問何因緣？

恭跪王樓下，具白所見聞：
昔聞釋氏種，殊特殊勝子；
神慧超世表，應王領八方；
今出家在此，眾人悉奉迎。

《佛所行讚·答瓶沙王品第十一》講述的是，太子為瓶沙王講法，瓶沙王聽法之後歡喜異常，希望太子將來成道之後來度化自己——

時王即叉手，敬德心歡喜。
如汝之所求，願令果速成；
汝速成果已，當還攝受我。
菩薩心內許，要令隨汝願；
交辭而隨路，往詣阿羅藍；
王與諸群屬，合掌自隨送。

《佛所行讚．阿羅藍鬱頭藍品第十二》講述的是，太子向阿羅藍、鬱頭藍請教修行之法。兩位大仙人雖然也為太子解答了很多修行上的問題，但是歸究無法回答太子的疑惑。太子知道，唯有自己去參悟才能得到，於是開始修苦行。

太子修苦行六年，但始終未能悟道；於是秉行中道，不再執著於苦行極端。為求究竟大道，太子開始端坐菩提樹下悟道——

菩薩勤方便，當度老病死；
專心修苦行，節身而忘餐。
淨心守齋戒，行人所不堪；
寂默而禪思，遂經歷六年。
日食一麻米，形體極消羸；
欲求度未度，重惑逾更沉。

道由慧解成，不食非其因；
四體雖微劣，慧心轉增明。
神虛體輕微，名德普流聞；
猶如月初生，鳩牟頭華敷。
溢國勝名流，士女競來觀；
苦形如枯木，垂滿於六年。

《佛所行讚．破魔品第十三》講述的是，悉達多太子在菩提樹下靜坐悟道，魔王及其眷屬前來破壞。雖然魔王及其眷屬聲勢震天動地，但是太子端坐不動，默然觀看，如同看小兒遊戲一般，淡然降服魔障——

如是諸惡類，圍繞菩提樹；
或欲擘裂身，或復欲吞啖。
四面放火燃，煙焰盛沖天；

狂風四激起，山林普震動。
風火煙塵合，黑闇無所見；
愛法諸天人，及諸龍鬼等；
悉皆忿魔眾，瞋恚血淚流。
淨居諸天眾，見魔亂菩薩；
離欲無瞋心，哀愍而傷彼；
悉來見菩薩，端坐不傾動。
無量魔圍繞，惡聲動天地；
菩薩安靖默，光顏無異相。
猶如師子王，處於群獸中；
皆歎嗚呼呼，奇特未曾有。
魔眾相驅策，各進其威力；

迭共相催切，須臾令摧滅；
裂目而切齒，亂飛而超擢；
菩薩默然觀，如看童兒戲。

佛陀悟道

《佛所行讚．阿惟三菩提品第十四》講述的是，太子大徹大悟，成為證得無上正等正覺的佛陀。佛陀觀察眾生甚多貪恚癡邪見，甚難度化。佛陀出世需要入世因緣，大梵天王知道佛陀度化眾生的願力，於是請佛陀為眾生說法——

佛於彼七日，禪思心清淨；
觀察菩提樹，瞪視目不瞬；

我依於此處，得遂宿心願。
安住無我法，佛眼觀眾生；
發上哀愍心，欲令得清淨。
貪恚癡邪見，飄流沒其心；
解脫甚深妙，何由能得宣？
捨離勤方便，安住於默然。
顧惟本誓願，復生說法心；
觀察諸眾生，煩惱孰增微。
梵天知其念，法應請而轉。

《佛所行讚・轉法輪品第十五》講述的是佛陀開始度化眾生。佛陀度化的第一個弟子是憍陳如；《金剛經》中所說的歌利王，就是憍陳如的前身。當時釋迦牟尼佛行菩薩道時，有一世為忍辱仙人，在山上修行。歌利王帶著妃子、大臣到山上打獵，休息時這些妃子在山上遊玩，看到忍辱仙人打坐，就上前請問佛法和人生的道理。歌利王見狀生起瞋恚心，以利刃砍斷忍辱仙人四肢，忍辱仙人毫無瞋念；天人讚歎，忍辱仙人四肢復初。歌利王生起大恐怖，於是向忍辱仙人懺悔。忍辱仙人發願：將來成道，首先度化歌利王。這一世悉達多太子成道，於是第一個度化歌利王轉世的憍陳如——

憍憐即白佛，已知大師法。
以彼知法故，名阿若憍憐；
於佛弟子中，最先第一悟。
彼知正法聲，聞於諸地神；
咸共舉聲唱，善哉見深法。
如來於今日，轉未曾所轉；
普為諸天人，廣開甘露門。

淨戒為眾輻，調伏寂定齊；
堅固智為輞，慚愧楔其間。
正念以為轂，成真實法輪；
正真出三界，不退從邪師。
如是地神唱，虛空神傳稱；
諸天轉讚歎，乃至徹梵天。
三界諸天神，始聞大仙說；
輾轉驚相告，普聞佛興世。
廣為群生類，轉寂靜法輪；
風霽雲霧除，空中雨天華；
諸天奏天樂，嘉歎未曾有。

《佛所行讚．瓶沙王諸弟子品第十六》講述的是，佛陀度化諸多外道，並在降服惡龍後去王舍城度化瓶沙王及其人民，降服惡龍這一段寫得非常傳神。

當時佛陀與弟子出外傳法，無處可稍歇，只有一座冒火的山洞可以歇息，但是裡面住著一條噴火的惡龍。不顧弟子的勸阻，佛陀入火窟端坐。惡龍噴出毒火，火光沖天；佛陀卻容顏平靜，毫髮無傷。惡龍拜服，稽首皈依。迦葉等弟子來看的時候，毒龍已經被佛陀收服、放在佛缽裡面了——

佛即入火室，端坐正思惟。
時惡龍見佛，瞋恚縱毒火；
舉室洞熾然，而不觸佛身；
舍盡火自滅，世尊猶安坐。
猶如劫火起，梵天宮洞燃；
梵王正基坐，不恐亦不畏。
惡龍見世尊，光顏無異相；

毒息善心生，稽首而歸依。
迦葉夜見火，歎嗚呼怪哉；
如此道德人，而為龍火燒。
迦葉及眷屬，晨朝悉來看；
佛已降惡龍，置在於鉢中。

《佛所行讚．大弟子出家品第十七》講述的是，佛陀度化兩位上首弟子，被稱為智慧第一的舍利弗和被稱為神通第一的大目犍連——

佛遙見二賢，而告諸眾言：
彼來者二人，吾上首弟子；
一智慧無雙，二神足第一。
以深淨梵音，即命汝善來；
此有清涼法，出家究竟道。

手執三掎杖，縈髮持澡瓶；
聞佛善來聲，即變成沙門；
二師及弟子，悉成比丘儀。

《佛所行讚．化給孤獨品第十八》講述的是，給孤獨長者發心做大布施，佛陀由此對給孤獨長者開示，讓長者不僅作金錢的布施，而且行法布施。給孤獨長者回國建立精舍，由此成為佛陀傳法的重要所在——

時有大長者，名曰給孤獨；
巨富財無量，廣施濟貧乏。
遠從於北方，憍薩羅國來；
止一知識舍，主人名首羅。
聞佛興於世，近住於竹園；
承名重其德，即夜詣彼林；

如來已知彼，根熟淨信生。
隨宜稱其實，而為說法言：
汝已樂正法，淨信心虛渴；
能滅於睡眠，而來敬禮我；
今日當為汝，具設初賓儀。
汝宿殖德本，堅固淨其望；
聞佛名歡喜，堪為正法器。

《佛所行讚・父子相見品第十九》講述的是，佛陀回國、與父王相見的故事，這一段詩歌寫得非常傳神。淨飯王聽說太子成道後歸國，心中既興奮激動，又惶恐不安，其心理描寫在詩歌中表現得非常細緻；見到太子如今已是佛陀，其寶相威儀無與倫比，更是令淨飯王悲喜交集。這種細緻真切的心理刻畫，在中外詩歌中也是非常罕見的——

漸近遙見佛，光相倍昔容；
處於大眾中，猶如梵天王。
下車而徐進，恐為法留難；
瞻顏內欣踊，口莫知所言。
顧貪居俗累，子超然登仙；
雖子居道尊，未知稱何名？
自惟久思渴，今日無由宣；
子今默然坐，安隱不改容。
久別無感情，令我心獨悲；
如人久虛渴，路逢清冷泉；
奔馳而欲飲，臨泉忽枯竭。
今我見其子，猶是本光顏；

心踈氣高絕，都無蔭流心；
抑情虛望斷，如渴對枯泉；
未見繁想馳，對目則無歡。
如人念離親，忽見畫形像；
應王四天下，猶若曼陀王；
汝今行乞食，斯道何足榮。

《佛所行讚・受祇桓精舍品第二十》講述的是，佛陀度化波斯匿王，然後住在祇桓（園）精舍傳道說法的故事。祇桓精舍也就是祇樹給孤獨園，佛陀在此說了很多佛經，著名的《金剛經》就是在這裡宣說的——

世尊已開化，迦維羅衛人；
隨緣度已畢，與大眾俱行；
往憍薩羅國，詣波斯匿王。

祇桓已莊嚴，堂舍悉周備；
流泉相灌注，花果悉敷榮；
水陸眾奇鳥，隨類群和鳴；
眾美世無比，若稽羅山宮。
給孤獨長者，眷屬尋路迎；
散花燒名香，奉請入祇桓。
手執金龍瓶，躬跪注長水；
以祇桓精舍，奉施十方僧。

《佛所行讚．守財醉象調伏品第二十一》講述的是，佛陀傳道說法之時遇到各種外道阻礙，佛陀一一降服，尤其是降服了一頭發狂的醉象。

醉象狂暴搗亂，見到佛陀之後卻投身跪伏，眾人對佛陀更是頂禮膜拜。經過對外道的降服，佛陀的聲名更是傳播各地，往來求法者絡繹不絕——

醉象奮狂怒，見佛心即醒；
投身禮佛足，猶若太山崩。
蓮花掌摩頂，如日照烏雲；
跪伏佛足下，而為說法言：
象莫害大龍，象與龍戰難；
象欲害大龍，終不生善處。
貪恚癡迷醉，難降佛已降；
是故汝今日，當捨貪恚癡；
已沒苦淤泥，不捨轉更深。
彼象聞佛說，醉解心即悟；
身心得安樂，如渴飲甘露。
象已受佛化，國人悉歡喜；

咸歎唱希有，設種種供養。
下善轉成中，中善進增上；
不信者生信，已信者深固。

《佛所行讚・菴摩羅女見佛品第二十二》講述的是，佛陀到毗舍離城接受菴摩羅女的供養、並度化菴摩羅女的故事——

彼菴摩羅女，聞法心歡喜；
堅固智增明，能斷於愛欲。
即自厭女身，不染於境界；
雖恥於陋形，法力勸其心。
稽首而白佛，已蒙尊攝受；
哀受明供養，令滿其志願。
佛知彼誠心，兼利諸群生；

默然受其請，令即隨歡喜；
視聽轉增明，作禮而還家。

佛陀涅槃

《佛所行讚．神力住壽品第二十三》講述的是，波旬請佛陀入滅、佛陀捨壽涅槃的故事。

佛陀曾經曾對大眾說，如果有人能在此時請佛住世，佛可住世一劫；然而，無論是佛弟子還是諸天大眾都沒有反應。此時，魔王波旬聞訊而來；他不是請佛陀住世，而是請佛陀入滅。佛陀知道與娑婆世界的因緣已盡，於是答應將在三月後入滅，波旬歡喜而去。而後，佛陀以大神通捨棄無量壽命。此時日月匿耀，大地震動，娑羅樹枯，出現了種種不吉祥的徵象。天人大眾非常驚訝，就來向佛陀請問緣由；佛陀便告知大眾，波旬請佛滅度，佛已答應。大眾這才如夢方醒，悲號啼哭，請佛住世，然而已經晚了。

佛陀由此開示世事無常，應當精進修行的道理——

三月安居竟，復還鞞舍離；
住獼猴池側，坐於林樹間。
普放大光明，以感魔波旬；
來詣於佛所，合掌勸請言。
昔尼連禪側，已發真實要；
我所作事畢，當入於涅槃；
今所作已作，當遂於本心。
時佛告波旬，滅度時不遠；
卻後三月滿，當入於涅槃。

時魔知如來，滅度已有期；
情願既已滿，歡喜還天宮。
如來坐樹下，正受三摩提；
放捨業報壽，神力住命存。
以如來捨壽，大地普震動；
十方虛空境，周遍大火燃；
須彌頂崩頽，天雨飛礫石；
狂風四激起，樹木悉摧折；
天樂發哀聲，天人心忘歡。
佛從三昧起，普告諸眾生：
我今已捨壽，三昧力存身；
身如朽敗車，無復往來因；

已脫於三有，如鳥破卵生。

《佛所行讚・離車辭別品第二十四》講述的是，佛陀將要離開世間，由此叮囑弟子們，過去未來諸佛都會入滅或出世，因此不要悲傷，不要沉溺於五欲享樂，要追求佛法正道——

過去世諸佛，數如恆邊沙；
智慧照世間，悉皆如燈滅；
未來世諸佛，將滅亦復然。
我今豈獨異，當入於涅槃；
彼有應度者，今宜進前行。
毗舍離快樂，汝等且自安；
世間無依怙，三界不足歡；
當止憂悲苦，而生離欲心。

決斷長別已，而遊於北方；
靡靡涉長路，如日傍西山。

《佛所行讚．涅槃品第二十五》講述的是佛陀在雙樹林將要入滅的故事。長者純陀最後供養佛陀，佛陀飯食後對純陀最後說法，然後經過鳩夷城、蕨蕨河，到了堅固林，將於中夜入滅——

是故智慧士，不違真實義；
說斯教誡已，至於波婆城；
彼諸力士眾，設種種供養。
時有長者子，其名曰純陀；
請佛至其舍，供設最後飯。
飯食說法畢，行詣鳩夷城；
度於蕨蕨河，及熙連二河；

彼有堅固林，安隱閒靜處；
入金河洗浴，身若真金山。
告敕阿難陀，於彼雙樹間，
掃灑令清淨，安置於繩床；
吾今中夜時，當入於涅槃。

《佛所行讚‧大般涅槃品第二十六》講述的是，佛陀入滅之時，最後叮囑的是要以戒律為師，這也是《佛遺教經》中的相關內容。「波羅提木叉」（prātimokṣa）即佛教戒律。這也說明，戒律是佛法傳播的根本；如果不遵守戒律，佛法就會遭到破壞——

佛以初夜過，月明眾星朗；
閑林靜無聲，而興大悲心。
遺誡諸弟子，吾般涅槃後，

汝等當恭敬，波羅提木叉；
即是汝大師，巨夜之明燈，
貧人之大寶，當所教誡者。
汝等當隨順，如事我無異。

《佛所行讚‧歎涅槃品第二十七》講述的是，佛陀入滅之後，無法荼毗；一直等到弟子摩訶迦葉到了之後，大迦葉祈請，佛陀才入滅荼毗。荼毗後留下諸多舍利，置於金瓶之中供養——

置佛身於上，灌以眾香油；
以火燒其下，三燒而不燃。
時彼大迦葉，先住王舍城；
知佛欲涅槃，眷屬從彼來。
淨心發妙願，願見世尊身；

以彼誠願故，火滅而不燃。
迦葉眷屬至，悲嘆俱瞻顏；
敬禮於雙足，然後火乃燃。
內絕煩惱火，外火不能燒；
雖燒外皮肉，金剛真骨存。
香油悉燒盡，盛骨以金瓶；
如法界不盡，骨不盡亦然。
金剛智慧果，難動如須彌；
大力金翅鳥，所不能傾移；
而處於寶瓶，應世而流遷。

《佛所行讚・分舍利品第二十八》講述的是四方大眾迎請佛陀舍利供養的故事。

當時得知佛陀入滅的消息後，信奉佛陀的七個國王，以及毗留提的婆羅門也來要求取得舍利，雙方相互爭執而發生衝突。這時，一位名叫獨樓那的婆羅門說：「諸位，請聽我一語。佛陀教我們忍耐，勿起爭執。供養佛舍利本是好意，但若為此引發衝突與戰爭，絕不是佛所樂見的。我們應該和睦、和好地將佛舍利分作八分，讓四方大地建佛舍利塔，讓有眼者有淨信。」眾人覺得獨樓那說得有道理，就請他將佛舍利一分為八。

各族人帶走了舍利，獨樓那則拿到了盛裝過舍利的寶瓶。摩利亞人最後趕來，佛舍利已經分掉，他們便取走了荼毗時留下的骨灰。

由此，各地就建起了八座佛骨舍利塔、一座骨灰塔、一座寶瓶塔。佛陀傳教的比丘僧團留下的則是佛祖袈裟、缽盂以及錫杖這三寶——

即開佛舍利，等分為八分；

自供養一分，七分付梵志；

七王得舍利，歡喜而頂受；
持歸還自國，起塔加供養。
梵志求力士，得分舍利瓶；
又從彼七王，求分第八分；
持歸起支提，號名金瓶塔。
俱夷那竭人，聚集餘灰炭；
而起一支提，名曰灰炭塔。
八王起八塔，金瓶及灰炭；
如是閻浮提，始起於十塔。

眾人迎請佛骨舍利之後，比丘僧團逐漸產生了佛陀所傳教義的分歧；於是，比丘僧團進行了佛陀所傳佛法的第一次結集。阿難回憶佛陀所說的佛經，並在每一部佛經開頭寫上「如是我聞」四個字，以表示這是佛陀親口所說真言——

時五百羅漢，永失大師蔭；
恇然無所恃，還耆闍崛山；
集彼帝釋巖，結集諸經藏。
一切皆共推，長老阿難陀，
如來前後說，巨細汝悉聞；
鞞提醯牟尼，當為大眾說。
阿難大眾中，升於師子座；
如佛說而說，稱如是我聞。
合坐悉涕流，感此我聞聲；
如法如其時，如處如其人；
隨說而筆受，究竟成經藏。
勤方便修學，悉已得涅槃；

今得及當得，涅槃亦復然。

從文學藝術的角度來說，《佛所行讚》大量使用比喻、誇張、排比、複疊等修辭手法，其運用的幅度、力度可以說是當時的中外文學作品所極為罕見的。正是因為其極高的修辭寫作技巧，使得這一部敘事詩在中外文學史上具有極高地位，對後世敘事詩的創作產生了深遠影響。

從佛法傳播的角度來說，《佛所行讚》是第一部以佛陀生平為內容寫成的長篇敘事詩，馬鳴菩薩運用極為生動傳神的語言將佛陀降生世間、厭棄五欲享受、深夜出宮、尋訪明師、六年苦行、菩提樹下悟道、破滅魔障、降伏外道、度化無數眾生、臨終囑咐、舍利供養等故事描繪出來。讓大眾通過詩歌，猶如看到了一幅幅生動的畫卷，由此生起對偉大佛陀的無限信心和信仰之情，也對佛陀所宣說的佛教正法有了深刻認識。

自《佛所行讚》面世以來，這部長篇敘事詩很快就風靡天竺和南海，產生了極為巨大的影響；不管是王公貴族還是普通民眾，都受到了此詩的深刻影響。不論是建造伽藍寺廟或是建造雕像佛塔，其風格及繪畫雕塑等也受到了此詩的影響，很多佛教故事都取材於此詩。可以說，馬鳴菩薩以其極高的文學素養，用長篇敘事詩的形式寫成了佛陀傳記，對於佛法的傳播功莫大焉！

肆·《美難陀傳》敘事詩賞析

「佛弟難陀，唯願生天專修梵行，得生天上暫受快樂。彼命終後入此鑊中，是故我今然鑊相待。」難陀聞已，生大恐怖，身毛皆豎，白汗流出。

《美難陀傳》（Saundarananda）也被稱之為《孫陀羅難陀詩》。難陀又翻譯為難努、難屠、難提，因為娶妻孫陀羅，所以稱之為「孫陀羅難陀」（Sundaranala），以區別於佛陀的另外一個弟子「牧牛難陀」。

這位牧牛難陀與佛陀的因緣是，昔年頻婆娑羅王曾請佛陀來說法，當時附近住著一個放牛的人，他每天都為佛陀送來乳酪，連續三個月不間斷。國王覺得這個放牛的人很不錯，就讓牧者去拜見佛陀。牧者知道佛陀是最有智慧的人，但對於放牛的事情肯定不知道；所以，拜見佛陀時便有意問起放牛的事情；沒想到佛陀無所不知，連牧牛之法也知道得非常詳細。牧者心悅誠服，就懇請出家，佛陀於是收其為弟子。

至於孫陀羅難陀，則是佛陀的同父異母的弟弟；因為長相俊美無雙，所以也被稱之為「美難陀」。

《美難陀傳》共有十八章，一千零六十三節，是古典梵語敘事詩的早期作品，和《佛所行讚》一樣是長篇敘事詩。

這部詩歌主要描述的是佛陀度化其異母弟弟難陀出家的故事——同樣的故事，也可見於唐代義淨法師所譯的《大寶積經．卷第五十六．佛說入胎藏會第十四之一》。其前半部分主要是講述難陀出家的故事，描述生動細膩，富於文學色彩。其後半部分側重於佛教義理的講述，透過佛陀與難陀的對話把佛教的義理深入淺出地陳述出來，涵義雋永，發人深省。

這部長篇敘事詩將故事講述與佛理宣揚完美地結合起來，藉由人們耳熟能詳的事蹟，將佛法潛移默化地傳播出去；不僅在當世，對於後世也具有巨大影響。

難陀剃度

釋迦牟尼佛成道之前是淨飯王的太子。悉達多太子有一個同父異母的弟弟難陀。難陀長得非常俊美，與佛陀具有的三十二種莊嚴寶相相比，他有三十相，身高僅比佛陀矮三寸。難陀娶了釋迦族最美麗的女子孫陀羅為妻，夫妻的感情非常好。孫陀羅長得非常美麗，儀容端正，光采照人，世所罕見。難陀和孫陀羅恩愛無比，相互許下了生生世世永結連理的誓言。

悉達多太子成道後，遊歷四方度化眾生。有一段時間，佛陀帶著一群出家弟子們住在附近的精舍修行。有一天，佛陀覺得自己這個弟弟出家的因緣到了；於是就披上袈裟，拿著缽盂，帶著弟子阿難，一道去城裡乞食。走到難陀的家門口時，佛陀停了下來，無限慈悲地放出金光；頓時，難陀家裡就不可思議地籠罩在一片祥和燦爛的金光裡。

正在屋裡和孫陀羅卿卿我我的難陀，看到這神奇的瑞相時心想，一定是成佛的哥哥來了；於是興沖沖地趕緊起身，一邊忙著披上衣服，一邊吩咐僕人快去看個究竟。僕人趕到門口，果然見到佛陀慈祥肅穆地站在一片光中；匆匆地行了禮，又趕緊跑回屋裡通報主人。難陀一聽，滿心歡喜地就要趕著出外迎接。

這時，難陀的妻子孫陀羅就想：「佛陀今天突然到我家來，這太奇怪了！據說，佛陀度化了很多人出家；如果我讓夫君跟著佛陀走，恐怕夫君就要出家去了。」想到這裡，不由得心中不安，於是拉著難陀的衣服不讓他出去。難陀說：「妳不要擔心啦！出家成道的哥哥難得光臨，我總得出去迎接；我行了禮就馬上回來，不會有什麼事情的。」

孫陀羅還是心裡不安，不由得流著淚說：「見佛陀的時間可不能太長；我們約定個時間，到了時間你一定要回來啊！」她用自己的胭脂膏點了一滴在難陀的額頭上說：「這點胭脂沒有乾之前，你一定要回來；如果你耽擱了，就要罰你五百錢喔！」難陀一邊安慰妻子，一邊答應了。

難陀安慰妻子其後，急忙趕到門口，見到了久未晤面、已得大成就的兄長。只見釋迦牟尼佛正安詳肅穆地站在一片祥光之中；難陀情不自禁、畢恭畢敬地跪了下去，按照天竺當時禮拜出家人的規矩頂禮了佛陀。

佛陀隨處化緣，不僅是為了解決吃飯的問題，更是為了讓大眾都能夠供養佛陀，從而得到福報；佛陀來到難陀這裡，也是給難陀供養佛陀的機會。難陀起身後接過佛陀手中的缽盂，三步併作兩步地跑回屋裡，盛了滿滿一缽最精緻可口的飯菜；為了趕在胭脂膏沒乾之前回去向嬌妻報到，又連走帶跑地捧到門口。他正要恭恭敬敬地把缽盂送到佛陀手上，佛陀卻忽然一轉身，邁開步子走了。

難陀弄不清怎麼回事，一時愣住了。好在，佛陀的弟子阿難還站在門口，他趕緊把這一缽盂豐盛的飯菜往阿難手裡送去；不過，佛陀早就吩咐過了，阿難遵照佛陀的吩咐，不肯從難陀手中接過這個缽盂。難陀急得不知如何是好，很想把成佛的兄長叫住問個究竟；但是，面對佛陀神聖肅穆的威嚴又不敢貿然開口；情急之下，只得再一次把這缽飯菜求阿難收下。

阿難知道佛陀的心意，就問難陀：「方才你是從誰手裡取走這個缽盂的呢？」難陀答說：「佛陀。」阿難於是說：「那就是了！你既然從佛陀手裡拿的，照佛家規矩，你就得再親自送回佛陀手上，這才是供養的禮數。」難陀急得叫苦連天：「哎呀！怎麼辦？我的愛妻還和我約法三章，讓我儘快回家。這該如何是好？」難陀只能捧著缽盂向佛陀跑去；只是，到了佛陀身後，卻不敢叫住佛陀。就這樣，難陀跟著佛陀一步步地往前走，不知不覺就到了佛陀講法的精舍。

只見精舍裡古樹參天，清風拂面，鳥語花香，令人心曠神怡；不過，難陀一路愁眉苦臉地想著和嬌妻的約定，所以對這座莊嚴而舒適的道場視若無睹。終於到了房內，佛陀清洗手腳之後盤腿而坐。難陀見佛陀安坐下來之後，急忙把缽盂遞給佛陀，佛陀這才伸手把缽盂接了過去。難陀總算把一路捧著的這缽飯菜交了出去，真是如釋重負，好不痛快！

佛陀開始用膳，難陀就等在一邊，焦急地想等佛陀吃完後告辭回家。佛陀吃了一些飯菜後，對難陀說：「你供奉的飯菜非常好，我已經吃完了。剩下的飯菜你願意吃嗎？」難陀一聽，忙不迭地回說：「吃，吃！」便恭恭敬敬地把缽盂捧過來。不過，他一邊吃飯，一邊想著與妻子孫陀羅的約定，根本食不知味，只是胡亂把剩下的飯菜急急忙忙地塞進嘴裡。

佛陀等難陀把飯吃完了，就問他：「出家修道是大福報，能夠得到大成就。你現在因緣已到，願意出家修行嗎？」這突如其來的一問，問得難陀一頭霧水：自己正要回家，怎麼問起出家？他錯愕茫然地朝佛陀望去；見到佛陀肅穆慈祥的目光，一時激動就答應下來：「我願意出家！」

佛陀聽後點點頭，就對他開示了一些道理，讓他明白：歷來的佛祖們在還沒有成就之前都非常努力地行菩薩道，對於父母師長的教誨都牢記在心，不敢輕易違背。作了這番叮嚀後，就出去將剃頭的師傅找來，準備為難陀剃度。

過了一會兒，剃頭的師傅來了，把布包解開，裡面是剃頭的道具。難陀心裡本來就在後悔，這個時候再也忍不住了，就生氣地說：「你給我看清楚了！你知道我是誰嗎？我是王位的繼承人，我很快就要作轉輪聖王了。你敢動我一根頭髮，小心我把你的手給砍了！」剃頭的師傅嚇得趕緊裹起布包衝出門口，正要跑開時，佛陀回來了。佛陀走進來，和顏悅色地對難陀說：「你難道不想出家了嗎？」難陀一看到佛陀，只好又硬起頭皮說：「願意出家。」佛陀於是親自拿起水瓶，把水倒在難陀頭上，剃頭師傅這才戰戰兢兢地把難陀的頭髮剃了。

佛陀善巧度化

難陀剃度之後，心裡還是很後悔；又想起與愛妻孫陀羅的約定，更是懊惱。但是，目前待在佛陀這裡，他也沒有辦法；於是，他心裡想著晚上偷偷溜回家去。

好不容易捱到天黑，大家都睡熟了，難陀便躡手躡腳地開門溜出去；佛陀早已知道他的打算，這時就施展神通，在他回家的路上變出了一個大坑。難陀一路摸黑，到了半路，忽然遇到這個摸不到邊、又見不到底的大坑。他心想：慘了，老天怎麼如此作弄人啊！和孫陀羅一別，難道就再也見不到面了嗎？對嬌妻的掛念和焦慮，讓難陀無法忍受，真是五內俱焚，痛苦得好像就要死去一般。他心裡默默地念著，假如天亮時自己還活著，就一定要回家去。

佛陀知道了難陀心裡的盤算，沒等天亮就叫阿難去把難陀找回來，並讓他做寺裡的知事人；所謂「知事人」，也就是現在寺裡的執事。阿難依照佛陀的指示，果然找到了滿面愁苦的難陀。

難陀聽了阿難的傳話，幾乎暈了過去，有氣沒力地問：「什麼是知事人？做些什麼事呢？」阿難告訴他：「就是在寺裡照顧一些大大小小的事。」難陀聽了，還是一頭霧水地追問：「具體地說，到底做些什麼事呢？」阿難於是逐項解說：「例如，比丘們出去乞食的時候，你就負責留守，灑掃寺廟的裡裡外外。地上如果髒了，你就把地上洗乾淨。注意看管東西，別把東西丟失了。如果王宮裡的官員來了，記得告訴主事的比丘。如果有人供養香花，就把它安放好、供養大眾。晚上休息時關好門戶，清早再把門窗打開。大大小小的走道經常清洗乾淨，寺裡有損壞的地方就趕緊修補。」

難陀聽了，實在無奈，只好說：「既然是佛的吩咐，我一定照辦。」於是又拖著沉重的腳步，隨著阿難回到寺裡。

當時正是早餐時間，寺裡的比丘們都披了袈裟、拿著缽盂，到城裡乞食去了。難陀一看四下無人，心想：只要把地掃乾淨了，就趕緊溜回家去吧！於是拿起掃把，飛快地掃起地來。佛陀在定中觀察，心念一動，難陀剛掃過的地又堆滿了垃圾；難陀來不及多想，趕緊再清理這些新冒出來的垃圾；哪裡想到，剛清理好，回轉身又是一堆。他急急忙忙地掃過來，掃過去，卻怎麼也清理不完。

難陀沒有辦法，氣急敗壞，只好把心一橫，想要乾脆把門關了，趁著道場裡沒人，趕緊溜回家去吧！想到這裡，難陀把掃帚一扔，快步跑去把房門關好，再轉身去關另一扇房門；奇怪的是，前面剛關好的房門又開了，難陀趕緊回頭跑去關那扇房門。就這樣跑過來、跑過去，房門怎麼樣也沒辦法關好。

難陀前前後後跑得滿頭大汗，急得不知如何是好。忽然念頭一轉，他想到：「我將來會成為國王，就算現在開溜，寺廟被搶了或者被破壞了，等我做了國王，再修上百座、千座更好的賠償就是。」想到這裡，難陀終於可以放心開溜了，便急急忙忙大踏步地走出了寺廟。他想，如果走大路的話，雖然好走，但是恐怕會遇上佛陀，就找了一條小路回家。

一路上難陀連走帶跑，滿腦子想的都是他那嬌妻孫陀羅的身影；孫陀羅現在到底怎樣了？肯定和自己一樣，正萬分痛苦、忍受著離別的煎熬吧！難陀歸心似箭，越走越快。

忽然，難陀的視線中出現了一個偉岸莊嚴的身影，佛陀從小路的前方走過來了！難陀大吃一驚，這下如何是好？原來，佛陀始終注意著難陀的起心動念；眼見難陀想盡辦法地要跑回家，於是親自現身來勸說他。難陀一見，忙不迭地往路邊的樹林裡面跑去。恰好，樹林中有一棵枝葉茂盛的大樹，難陀就躲在這垂下來的茂盛枝葉後面。

沒一會兒功夫，佛陀走到這棵大樹的旁邊，心念一動，垂到地面的枝葉忽然往上飄了起來。躲在後面的難陀再也躲不住了，窘得只想有個地洞好往裡鑽。佛陀望著滿臉脹得通紅的難陀，沒有任何責難，只是心平氣和地說：「你怎麼跑到這荒郊小路上來了呢？還是跟我回去吧！」難陀沒有辦法，只好垂頭喪氣地跟著佛陀回去。

眼見自己這個弟弟對妻子癡迷到這個地步，佛陀想著，要怎麼樣接引才能讓他徹底放下呢？

到了精舍，佛陀問難陀：「你到過香醉山沒有？」難陀答：「沒有。」佛陀微笑著說：「好，如果想見香醉山的話，你就抓住我的衣角，帶你走一趟。」難陀照佛陀所說，抓住了他的衣角。只覺得佛陀就如鵝王般翩然飛起，翱翔在青山白雲之間。難陀又訝異又欣喜地隨著佛陀飛翔在天空中，只見地上的房屋越來越小、越來越遠，似乎所有塵世的煩惱纏綿也都隨之遠去了。不一會兒功夫，到了香氣襲人、花木扶疏的香醉山，難陀只覺耳目一新，四處打量著這宜人的景色。

這時，一株果樹上蹲著一隻瞎了一隻眼的母猴，正朝佛陀這裡望著。佛陀慈祥地問難陀：「你看到那隻瞎了一隻眼的母猴嗎？」難陀點頭說：「嗯，看到了。」佛陀接著問：「你覺得牠和孫陀羅相比哪個漂亮？」難陀聽了，啼笑皆非地說：「這怎麼比啊！孫陀羅是高貴的釋迦種姓，貌似天仙，儀態萬千，實在是一代佳人。您怎麼拿這隻母猴來比呢？您如果一定要比的話，這隻母猴實在連孫陀羅的千萬億分之一都不如啊！」

佛陀聽了微微一笑，接著問：「你到過天宮嗎？」難陀搖頭說：「沒有。」佛陀就說：「那好，我們去天宮看看。」於是，佛陀又囑咐他拉住自己的衣角。隨即，難陀又像剛才那樣隨著佛陀飛了起來。這次飛得更高，頃刻之間兩人就飛到了欲界天。

佛陀帶著難陀落到了一處天宮，佛陀對難陀說：「這裡有不少美妙的景觀，你不妨四處走走看看。」難陀喜不勝收地各處訪勝，一路流覽了歡喜園、娛身園、粗身園、交合園、圓生樹、善法堂等處。只見天上這些園林裡盡是些奇花珍果，一處處天然的浴池清澈見底，掩映在花木扶疏的園林裡，天女們無憂無慮的玩樂著。真是滿目春光，令人流連忘返。

出了這片園林，難陀進入了善見城，就聽見仙樂飄飄，正是此曲只應天上有，人間那得幾回聞，其中的宮殿、迴廊也是別有一番氣象。最引人遐思的，則是一處處浪漫優雅的園林，只見祥雲繚繞，天樂聲聲，無數美麗的天女飛舞其間，有的散花、有的舞蹈、有的奏樂，一個個身姿嫋娜，嫵媚絕倫。

難陀目不暇給，驚訝地對佛陀說：「佛陀，我是在作夢吧？這些冰肌玉骨的美人，我在人間從來沒有見過。」佛陀說：「你去問那些天女吧！」難陀自慚形穢，躊躇了半天才鼓起勇氣問一位天女：「請問這裡是什麼地方？」天女停下來回答：「這是忉利天的天宮之一。」難陀又問：「什麼人才可以做這裡的天子呢？」天女回答說：「別的宮裡都有天子，我們殿裡卻還空著天子的位置呢！」難陀急切地問：「為什麼呢？」天女說：「聽說，人間迦毗羅衛國的佛陀有位叫做難陀的弟弟，因他出家修行的功德，這一世命終之後就會到天上做這個宮殿的天子，我們將來都是他的寵妃。這裡的天人都活得快樂無比，壽命長達三千六百五十萬年，有享不盡的榮華富貴。」

這時，另一個天女飛過來說：「你和這個人間的凡夫談什麼？我們走吧。」天女們看了一眼難陀後都飛走了。

佛陀仍在原地安逸地坐著，看到歡欣雀躍的難陀，便笑著問他：「你看到了那些殊勝美妙的景觀了吧？」難陀興高采烈地把所看到的一一說了出來。佛陀接著問他：「那些天女比起孫陀羅哪個漂亮呢？」難陀一聽，毫不遲疑地說：「唉呀，說實話，孫陀羅比起那些天女，簡直就像香醉山的那隻瞎母猴了，實在是百千萬分之一都不如啊！」

佛陀聽了，微笑著說：「你看，清修梵行就會有這等好處。現在你該知道我不是無緣無故把你帶來出家的吧！只要你堅定信心，好好修行，將來就能升天，享受無比的歡樂。」難陀聽了，好不快活，終於心悅誠服地隨佛出家了。

於是，佛陀帶著難陀離開天宮，回到了他們清修的道場。從此，難陀思念著天宮的美妙，開始努力認真修行。佛陀知道難陀的心思，於是找來阿難，讓他轉告其他弟子：不要和難陀同座而坐，不要和他同處經行，也不要跟他同竿晒衣服、同處放缽盂、取水，甚至不要和他同處讀誦經典。比丘們聽了，如奉聖旨般地依教而行。一向被人奉承慣了的難陀，突然見到每個人對他都不理不睬，甚至刻意回避，實在是既難過又難堪。

有一天，阿難和一些比丘們在供養堂裡縫補衣服；難陀看到他，頓時溫暖起來，心想：這些比丘們嫌棄我、不理我，阿難是我堂弟，他總不會嫌我吧？被人冷落多時的難陀總算見到了親人，好生寬慰地朝供養堂走去，坐到阿難身邊；沒想到，阿難沒等難陀坐下，也忙不迭地走開。

這時，難陀再也忍不住了，埋怨道：「這些比丘們無緣無故地不理我也就罷了，你是我堂弟怎麼也躲著我？你們這是怎麼回事啊！」

阿難說：「不錯，你是我哥哥，可是我們卻是各走各的，並非同道；所以，你過來我就走開，這是很自然的，並不足怪，你怎麼埋怨我呢？」

難陀沒好氣地說：「你和佛陀把我從宮殿裡弄出來，跟著你們住破廟、去托缽，又打坐、又熬腿的，我都跟著你們做了，現在卻說什麼各走各的路，這算哪門子道理啊？」

阿難不急不忙地說：「事實如此啊！你為了生天享樂而打坐修行，我們則是為了涅槃清淨、獲得解脫，所以拒絕五欲享樂。我們實在是不同路啊！」

難陀聽了無話可說，心裡比原先更為鬱悶難過了。

難陀非常難過，就去找佛陀。其實，難陀的起心動念始終都在佛陀的觀照中，見到難陀來找他，佛陀就說：「你先不要傷感，我帶你去另外一個地方。你見過地獄的景象嗎？」難陀搖搖頭說沒有。於是，佛陀又讓他捉住自己的衣角，一眨眼功夫，他們下降到了地獄。

同上次去天宮時一樣，佛陀讓難陀隨意四處走走。首先映入眼簾的，是條灰暗的河流，隨後經過劍樹糞尿火河；洶湧的河裡滿是尿糞，河的兩岸是一株株插滿了劍刃的樹叢。一路走去，到處是慘不忍睹的酷刑；有的眾生被鐵鉗拔舌，有的被敲落牙齒，有的被挖掉眼睛，甚至有的被鋸子割解身體，或者被斧頭砍斷手腳，被鐵鑽鐃身；還有的被帶著利刺的棒子抽打，或者被鐵鎚搥得肉飛血濺，或者被燒得滾燙的銅漿往嘴巴裡灌，或者被扔上刀山劍樹，或者被放在石臼裡搗得血肉模糊，一個個被折磨得痛不欲生。難陀一路看得心驚膽戰、手腳發軟，只想儘快離開這裡。

忽然間，難陀看到前面有一個個大鐵鍋，煮著沸騰的水，水裡翻滾著一些被煮得皮開肉綻的眾生；其中有個鐵鍋，只見水煮得沸騰，裡面卻什麼都沒有。難陀忍不住好奇地走過去問鍋邊的獄卒：「其他鍋子裡都煮著一些受報的眾生，為何這個鍋子卻只有水在翻滾著，裡面什麼都沒有呢？」

獄卒聽了，齜牙咧嘴地說：「聽說迦毗羅衛國的二王子難陀好色，先娶了美女孫陀羅，後來又發願修行，要到天上享受天女的愛欲；等他天福享盡，墮落地獄，這口大油鍋就有用處了。到時候，他被油鍋烹死，冷風一吹又會活過來，然後再油炸一遍。這樣一遍又一遍……」

難陀聽了，嚇得渾身冷汗，想著：「如果他們知道我就是難陀，很可能現在就把我往鍋裡扔了。」想到這裡，他轉身拚命地往回跑去。

回到佛陀身邊，佛陀照例問他看到了些什麼。難陀還沒開口，已經淚如雨下、泣不成聲，哽咽地把所看到的說了出來。

佛陀撫著他的肩膀說：「難陀，不要害怕，專心修道吧！要知道，愛欲就好像執著火炬逆風而行；愚者不放下火炬，就肯定會有燒手、燒身之患。貪、瞋、癡三毒不早除之，必然會殃及自身。你出家修行，不論是為了人世的功名富貴，或者是為了天上的欲樂享受，其實都會受到這樣嚴重的果報。所以，今後你要好好發心，立志做到清淨圓明，千萬不要再貪求生天的欲樂了。唯有修行佛法，才能得到究竟的解脫。」

難陀聽了，慚愧得說不出話來。佛陀知道難陀徹底悔悟了，便把他帶出地獄。

難陀悔悟，終證阿羅漢果

佛陀帶著難陀返回精舍，向難陀及五百弟子講授了《佛為難陀所說入胎經》（《佛說胞胎經》），難陀終於從此入了正道，跟隨佛陀精進修行，最終取得了大成就，被諸比丘譽為「調和諸根第一」。後來，難陀還度化孫陀羅皈依了佛門。

《佛為難陀所說入胎經》是一部什麼經呢？這是一部關於一個人如何入胎、出生的佛經，揭示的是因果輪迴的道理，啟示人們要斷絕五欲；只有修行佛法正道，才能超出三界六道輪迴，獲得究竟解脫。

有這樣一個故事揭示了六道輪迴的深刻道理——

有個修行人，有一次在家中靜坐。恍恍惚惚間，覺得自己沿著齋房後面的小路往林子裡走。一路走去，就是平常散步的小徑；再往前走去，是平常沒有進去過的地方，前面有座房屋，有著大紅色的門。

他覺得奇怪，這個大紅門是從前沒見過的，到底怎麼回事？他好奇地走上前去，打開門一看，裡面似乎有個女子躺在床上，張著兩腿，正在生孩子。這個修行人一看，突然一驚，覺得自己太不規矩了，趕緊縮回身子。裡面還有一個產婆模樣的婦人，看到他時笑嘻嘻地招呼他進去；他當然不肯去，臉紅耳赤地退出來，急急忙忙地趕緊往回走。匆忙間，他被地上的石頭絆了一跤，回過神來一睜眼，自己竟然還在屋裡打坐。

回想剛才見到的情景，不像是自己靜坐中的妄想雜念。於是他走出門去，隨著剛才在靜坐中見到的景象向前走。他往屋後那片林子走去，看到平常散步的那條小路；他記得清清楚楚，這的確就是剛才出神時所走的那條路。路的盡頭是一片園子，前面擋著一堵竹籬，平常很難走過去，所以他以前也不往裡走；但是，由於剛才的靜坐境界實在奇怪，所以這次他就繼續往裡走。守園子的人看見他後大聲叫嚷著，怎麼也不讓他進去；他和守園人說了半天，甚至把打坐時的奇怪境象說了出來，守園人總算勉強同意。

進了竹籬，沿著小路繼續向前走；只見前面並沒有房屋，只有一個豬圈，豬圈的門口掛著一塊破舊的紅布。聽守園的人說，剛才母豬生了窩小豬，其中一隻小豬生下來就死了。

這個修行人聽到這裡，嚇得一身冷汗。修行這麼多年，差點變成了豬！要不是當時心存正念及時退回，如果對著正在生產的女子下體動了一絲邪念，或者昏頭昏腦地被產婆拉進房裡寒暄，他就投胎成豬了！

這個故事告訴我們，保持心靈的正念是最重要的。所以，佛陀教導我們，一定要禁絕五欲，尤其如佛陀勸導難陀時所說的，一定要禁絕色欲；否則，就正如《楞嚴經》所說：「縱有多智，禪定現前；若不斷淫，必落魔道。」

透過難陀出家修行的故事，《美難陀傳》不僅講述了難陀出家的曲折過程，而且將佛法真理隱含在其中表現出來。在全詩結尾，馬鳴菩薩指出，他創作敘事詩的目的不只是為了文學作品的優美，而是以蜜糖拌苦藥，藉以宣揚佛法真理，從而引導讀者、聽眾生起對佛陀的信仰和對佛法的信心，進而皈依佛門。可以說，宣說佛教教義是這部敘事詩的核心和靈魂，所有文學藝術手法都是為傳播佛教教義而服務的。作者不僅委婉地運用故事的生動形式，以深刻的寓意促人深思；而且經由對佛教正法的宣說，希望直指人心，使聽聞之人有所感悟。

《美難陀傳》的第一章主要介紹故事發生的背景，以及迦毗羅衛城的建立；第二章到第四章主要講淨飯王的功德以及佛陀和難陀的出生、成長等故事；第五章到第七章主要講佛陀勸說難陀出家的過程；第八章和第九章主要宣說美貌易逝、身體無常以及愛欲禍患的道理；第十章和第十一章主要講佛陀帶難陀飛升天宮見到天女的故事；第十二章到第十六章主要講佛陀通過參觀地獄等各種善巧方便，堅定難陀出家修行的決心的故事；第十七章透過難陀的修行經歷描寫佛教徒的實證經驗；第十八章是佛陀和難陀的對話，宣說了佛法大義。

整體來看，全詩的前半部分主要講述的是故事經過，後半部分更注重佛教教義的闡發；佛教教義的闡發，主要體現在佛陀對難陀的講法中。難陀幡然醒悟後，佛陀對他宣講虔信功德，闡述修行次第：持戒、控制感官、適度飲食、適度睡眠、正念、經行、禪修等，修習八正道，了悟四聖諦。難陀從此隱居山林，精進禪修，證入初果、二果、三果、四禪，最終證得阿羅漢果。難陀禮贊佛陀，向佛陀稟報自己的證悟經歷；佛陀勉勵他此後要弘揚佛法，教化眾生。

《美難陀傳》塑造的人物形象非常鮮明。整部詩的主要人物有難陀、孫陀羅和佛陀。難陀是全詩的主角，這一人物形象貫穿作品全篇。除了起首介紹國家淵源之外，全詩情節的發展演變都由他而推動。他眷戀美婦，出家又欲還俗；他愛慕天女，為得天女渴望修行；最後，經過佛陀的教化，難陀終於明白解脫是唯一之路而心生慚愧，從而改過自新，最終修行有成。

在這一曲折經歷中，通過對難陀行為舉止、心理活動的精心刻畫，我們可以深刻感受到，一個普通人從沉迷情愛轉向修行的種種心態轉化：柔情蜜意、沮喪焦慮、失魂落魄、情欲似火、慚恥羞愧、精進堅定，終於達到清明祥和、身心安穩的境界。這些細膩生動的描摹，使得難陀這一人物形象栩栩如生，讀起來令人感嘆不已。

孫陀羅作為一個次要角色，出現在二人愛情歡娛場景、和久候夫君不歸這兩節中。在描寫她的美貌，與難陀的濃情蜜意，刻畫久候夫君不歸時她的種種失落，以及得知難陀出家消息時的痛苦情狀等場景中，藉由眾多比喻，將孫陀羅的神態和心理活動描寫得細緻入微、活靈活現，讀起來猶如親眼所見一般。

全詩的最後，佛陀的授記是，孫陀羅將會受到難陀的度化，將來也會對女人宣說佛法。總體而言，孫陀羅這個角色的塑造也是非常成功的。

佛陀這一人物形象，著墨雖然不如難陀多，但詩中扼要敘述了他的出生、求道、證道，回鄉演示神通度化父老，教化難陀出家，帶他去天宮促使其修行，最後對難陀宣講正法等情節，將佛陀的偉大形象勾勒出來。

其中有兩個細節值得一提。首先是佛陀演示法語神通，人民普遍受到教化，一時間國中清明祥和，民風淳厚，城邑安樂，猶如天國；這一情景，有力地展現了佛陀感人至深的教化力。其二是佛陀出行時民眾對他的追隨敬慕；在這幅場景的渲染下，佛陀的形象高大莊嚴、光彩奪目，瞬間凸顯在讀者面前，使人印象深刻。

詩中對佛陀的經歷與行動描述地非常簡潔，而花費筆墨最多的是佛陀對難陀宣講的長篇教導，從而將佛道正法通過佛陀與難陀的對話展現出來。

總體而言，《美難陀傳》是一部非常優美的長篇敘事詩，經由對難陀出家故事的描述，不僅將這一故事生動傳神地表達出來，而且用通俗的語言揭示了非常深刻的佛法道理。自馬鳴菩薩創作以來，《美難陀傳》和《佛所行讚》一起，很快風靡天竺和南海諸國，深刻影響了包括王公貴族、平民百姓在內的廣大民眾，進而引導他們皈依佛法。可以說，馬鳴菩薩藉由文學化、藝術化，以群眾喜愛的方式來傳播佛法，取得了極為明顯的效果，對當世和後世的佛法傳播都產生巨大影響。

附錄

參考資料

《大正大藏經》，臺北：新文豐出版社，一九七五。
《乾隆大藏經》，中國書店，二〇〇九。
《大乘起信論》，馬鳴菩薩造，唐于闐三藏實叉難陀奉制譯，金陵刻經處，清末出版。
釋慧皎，《高僧傳初集》，金陵刻經處，清末出版。
釋道原，《景德傳燈錄》，上海書店，一九八五。
釋普濟，《五燈會元》，中華書局，一九八四。
釋道宣，《廣弘明集》，中華書局，一九三六。
釋僧祐，《弘明集》，商務印書館，一九一九。

國家圖書館出版品預行編目（CIP）資料

馬鳴菩薩：弘傳大乘／徐瑾編撰 — 初版
臺北市：經典雜誌，慈濟傳播人文志業基金會，2022.12
400 面；15×21 公分 —（高僧傳）
ISBN 978-626-7205-18-1（精裝）
1.CST: 馬鳴 (Aśvaghoṣa) 2.CST: 學術思想 3.CST: 佛教傳記 4.CST: 印度
229.2　　　　　111019596

馬鳴菩薩——弘傳大乘

創 辦 人／釋證嚴

編 撰 者／徐　瑾
主編暨責任編輯／賴志銘
行政編輯／涂慶鐘
美術指導／邱宇陞
插圖繪者／李炯毅
校對志工／林旭初

發　行　人／王端正
合心精進長／姚仁祿
傳　播　長／王志宏
平面內容創作中心總監／王慧萍

內頁排版／尚璟設計整合行銷有限公司
出 版 者／經典雜誌
慈濟傳播人文志業基金會
112019臺北市北投區立德路2號
客服專線／（02）28989991
傳真專線／（02）28989993
劃撥帳號／19924552　戶名／經典雜誌
印　　製／新豪華製版印刷股份有限公司
經 銷 商／聯合發行股份有限公司
231028新北市新店區寶橋路235巷6弄6號2樓
（02）29178022
出版日期／2022年12月初版一刷
定　　價／新臺幣380元